दीक्षाप्रकाशः

दीक्षाप्रकाशः

शीतला प्रसाद उपाध्याय

Tantra Foundation
New Delhi

DK
PRINTWORLD
Publishers of Indian Traditions

Cataloging in Publication Data — DK
[Courtesy: D.K. Agencies (P) Ltd. <docinfo@dkagencies.com>]

Jīvanāthaśarma, active 1800-1860.
Dīkṣāprakāśaḥ / [racayitā, Jīvanātha ; sampādana], Śītalā Prasāda Upādhyāya.
p. cm.
In Sanskrit.
ISBN 9788124608883

1. Hinduism–Rituals. 2. Hindu mantras.
I. Upādhyāya, Śītalā Prasāda. II. Title.

DDC 294.538 23

ISBN 978-81-246-0888-3

First published in India in 2018

Published by:
Tantra Foundation
B-6, Hari Bhari Farm, Chattarpur Mandir
Radha Swami Road, After Dhera Mor, New Delhi – 110 074
e-mail : tantrashree@yahoo.com

and

D.K. Printworld (P) Ltd.
Regd. Office : *'Vedaśrī,'* F-395, Sudarshan Park, New Delhi – 110 015
Phones : (011) 2545 3975, 2546 6019; *Fax* : 2546 5926
e-mail : indology@dkprintworld.com, *Web* : www.dkprintworld.com

Printed by: D.K. Printworld (P) Ltd., New Delhi

प्रस्तावना

प्राय: सभी शास्त्रों में विद्या-ग्रहण के लिए आवश्यक संस्कारों की अपेक्षा होती है। इसके उपरान्त ही शिष्य परम्परा के अनुरूप नियमों के पालन करने का अधिकारी बनता है। तान्त्रिक सम्प्रदायों में ये संस्कार दीक्षा के माध्यम से ग्रहण किए जाते हैं। इन्हें प्राप्त करके शिष्य अपने गुरु के सांनिध्य में साधना के मर्मों तक पहुँचता है। यह प्रक्रिया अनादि काल से चलती आ रही है। काल के प्रभाव से मानव प्रतिभा के ह्रासोन्मुख होने के कारण गुरु-परम्परा से प्राप्त साधना के सूक्ष्म रहस्य-सूत्रों के स्मरणार्थ ज्ञान को लिपिबद्ध करने की आवश्यकता प्रतीत हुई और इसी क्रम में पद्धति-ग्रन्थ आविर्भूत हुए। जिस प्रकार श्रौतसूत्र इतस्तत: प्रक्षिप्त वैदिक क्रिया-कलापों को एवं गृह्यसूत्र स्मार्त कर्म-समूहों को क्रमबद्ध करते हैं, ठीक उसी प्रकार से तान्त्रिक पद्धति-ग्रन्थ भी समस्त अथवा किञ्चिदंश में अपनी शास्त्रीय मर्यादाओं को सुरक्षित करते हैं। यही कारण था कि समय-समय पर तन्त्र-साधकों द्वारा पद्धति-ग्रन्थ निर्मित किए गए। भारतीय इतिहास के मध्ययुगीन काल-खण्डों में शैव-शाक्त सम्प्रदायानुसारि अनेक पद्धति-ग्रन्थ प्रकाश में आए जिनमें लक्ष्मणदेशिकेन्द्रकृत *शारदातिलक*, कृष्णानन्द आगमवागीश विरचित *तन्त्रसार* और महीधर द्वारा लिखित *मन्त्रमहोदधि* आदि प्रमुख ग्रन्थ थे जो अद्यतन लोकप्रिय हैं।

इसी क्रम में प्रकृत ग्रन्थ *दीक्षाप्रकाश* भी है जो तान्त्रिक रीति से साङ्गोपाङ्ग उपासना करने की विधियों से परिपूर्ण एक संक्षिप्त किन्तु पूर्ण ग्रन्थ है। यद्यपि इस ग्रन्थ के मंगलाचरण में इसे तन्त्रसारानुसारी बतलाया गया है किन्तु, इसके निर्माण में स्थल-स्थल पर *मन्त्रमहोदधि* एवं *शारदातिलक* से भी सहायता ली गई है। निष्कर्षरूप में हम *दीक्षाप्रकाश* को मध्यकाल के इन तीन महत्त्वपूर्ण तान्त्रिक ग्रन्थों का सार-संक्षेप भी कह सकते हैं। *दीक्षाप्रकाश* के रचयिता जीवनाथ नामक एक मैथिल ब्राह्मण हैं जो काशी के गंगा नदी के पावन तट पर निवास करते थे। यहीं पर उन्होंने साधकों एवं उपासकों के मार्गदर्शन के लिए शक १७९० (१८६८

ई०) में रामनवमी के दिन इस ग्रन्थ को पूर्णता प्रदान की थी। इनके पिता श्री शम्भुनाथ तथा पितामह श्री करुणाकर थे।

दीक्षाप्रकाश नामक यह ग्रन्थ कुल नौ प्रकाशों अथवा अध्यायों में परिपूर्ण है। प्रथम प्रकाश में गुरु-शिष्य लक्षण, मन्त्रग्रहण-विचार, दीक्षा-कालनिर्णय, मन्त्र के संस्कारों के प्रकार, शतार्ध से भी अधिक की संख्या में देवी-देवताओं के मन्त्र एवं उनकी गायत्री, नवग्रहों के तान्त्रिक मन्त्र, मंगलादि योगिनियों के मन्त्र, भूतलिपि मन्त्र, मन्त्र-ग्रहण की विधि आदि का विवरण है। द्वितीय प्रकाश में पुरश्चरण की विधि, तृतीय प्रकाश में मन्त्रों के संस्कार की विधि, चतुर्थ प्रकाश में पञ्चायतनी पूजा की विधि, पञ्चम प्रकाश में कुलुका निर्णय, षष्ठम प्रकाश में शिवा-बलि के प्रकार एवं अनुकल्पादि द्रव्यों का वर्णन, सप्तम प्रकाश में वैदिक रीति से भगवान् विष्णु के षोडशोपचारों का वर्णन, अष्टम प्रकाश में दुर्गासप्तशती के पाठ तथा शतचण्डी और सहस्रचण्डी की विधि एवं नवम प्रकाश में भगवान् शिव की पार्थिवपूजा-विधि आदि का वर्णन है। इस प्रकार से शैव-शाक्त सम्प्रदाय के अनुयायियों के लिए परम उपादेय इस ग्रन्थ में साधना की विधियों के रहस्यमय सूत्रों को मणिवत् पिरोया गया है।

भारतवर्ष में प्राचीन वैदिक युग से लेकर आज तक अविच्छिन्न भाव से देवोपासना की एक जीवन्त आध्यात्मिक परम्परा रही है। आजकल के तामसिक भावावरण ने उपासना के प्रति हमारी सत्यदृष्टि को प्रच्छिन्न कर लिया है जिसके कारण हम उपासना के मात्र बाह्यांगों तक ही सीमित रह गए हैं। भिन्न-भिन्न प्रकार की प्रतिमाओं का उपचार तथा विशेष अवसरों पर उनका उत्सव मनाना ही हमारी नियति बन गई है। उपासना के बाह्यांगों के प्रति बढ़ता हुआ आकर्षण उसके प्राणवस्तु को विस्मृत कर चुका है। यद्यपि बाह्यपूजा भी सर्वथा अपरिहार्य होती है किन्तु वह मानसिक पूजा के सहायक एवं परिपोषक रूप में ही ग्रहणीय होती है। आध्यात्मिक साधना के अन्तर्गत एक स्तर से दूसरे स्तर में तथा एक तत्त्व से दूसरे तत्त्व में अग्रसर होने का एक विशेष क्रम है जिसका रहस्य-भेदन सम्प्रदाय में होता है जहाँ सद्गुरु दीक्षा के माध्यम से इनका रहस्योद्घाटन करते हैं।

हमारे प्राचीन ऋषियों और मुनियों ने ध्यानयोग में प्रतिष्ठित होकर आत्मशक्ति का साक्षात्कार किया था और यह पाया कि शक्ति ही जीव-जगत् की सृष्टि-स्थिति-लय का मूल है। यही शक्ति सभी प्राणियों के अन्तःकरण में वास करती हुई सबका नियमन करती है और उनके लिए जो प्रयोजनीय है उसकी व्यवस्था

करती है। यह शक्ति सच्चिदानन्दमयी है और माता की भाँति जीवमात्र को पोषित करने में, पूर्ण परिणति प्रदान करने में तथा ज्ञान-आनन्द-सुख-शान्ति-सौन्दर्य-माधुर्य आदि से पूर्ण विभूषित करने में सदैव तत्पर रहती है परन्तु जीव अपने संस्कार और अज्ञानता के प्रभाव से आत्मविस्मृत होकर अपने लिए नाना प्रकार के दु:ख और कष्टों की स्वयं उत्पत्ति करता है।

जब उन ऋषियों ने संस्कार-वर्जित चित्त से परमतत्त्व के साक्षात्कार की योग्यता प्राप्त की, तब उनके शून्य चित्त में एक शान्त भाव उपलब्धि में आया। वहाँ समाहित होने पर क्रमश: एक शक्ति की एक क्रीड़ा उनकी अनुभूति में आने लगी। इसके स्वरूप को जानने की चेष्टा में शक्ति का सच्चिदानन्द भाव आविष्कृत हुआ। पुन: उनके अनुभव में आया कि इस शक्ति में शक्तिमान को प्रकाशित करने का सामर्थ्य है तथा आनन्दस्वरूप शक्तिमान शक्ति की क्रीड़ा के अन्तर्गत प्रकाशित होते हैं। इस शक्तियुक्त अवस्था को सगुणब्रह्म की संज्ञा दी गई जो सृष्टि-स्थिति-लय का कर्ता, अन्तर्यामी, दुष्टों का दमनक और शिष्टों का पालक है। तत्पश्चात् शक्ति के भीतर से शक्तिमान के विविध रूप प्रकट हुए।

सृष्टि के अवरोहण क्रम में परमतत्त्व के जगदाभिमुखी गति में पहले आनन्द का, पुन: चिच्छक्ति का और अन्त में सच्छक्ति का विकास होता है। किन्तु साधना में आरोहण क्रम में अर्थात् ऊर्ध्वगति लाभ करते समय हमारी साधना पहले सत्, पुन: चित् और तदनन्तर आनन्दशक्ति के अवलम्बन द्वारा सम्पन्न होती है। तत्पश्चात् उस आनन्द को ज्ञान और कर्म द्वारा ग्रहण कर कर्ममय जगत् में सफलीकृत करना ही सर्वश्रेष्ठ अवस्था होती है क्योंकि जो आनन्द कर्म और ज्ञान द्वारा पूर्णत्व लाभ नहीं करता, वह आनन्द विकृत रूप धारण कर लेता है।

सगुणब्रह्म को ठीक-ठीक समझने के लिए शक्तितत्त्व को अच्छी तरह से जानना आवश्यक है क्योंकि चरम तत्त्व के शक्तियुक्त होकर सगुणरूप धारण करने पर ही वे उपास्य तत्त्व में परिणत होने योग्य होते हैं। शक्ति की सहायता के बिना उस चरम तत्त्व को उपलब्ध करने का और कोई उपाय नहीं है। हमारी इन्द्रियाँ जब तक प्राणशक्ति से युक्त हैं तभी तक आँखें देखती हैं, कान सुनते हैं, मन चिन्तन करता है और तभी तक हम जीवित हैं। यह योग छिन्न हो जाने से हमारा शारीरिक अस्तित्व लुप्त हो जाता है। अत एव समस्त साधन-भजन का मूल उद्देश्य है - इस शक्ति को जानना और अबाधितरूप से अपने भीतर प्रस्फुटित करना।

सामान्यत: साधक-गणों की तीन श्रेणियाँ होती हैं – ज्ञानी, योगी और भक्त। ज्ञानी का प्रधान लक्ष्य आत्म-अनात्म तत्त्व के विवेक से ब्रह्म में तादात्म्य लाभ करना होता है। योगी का लक्ष्यार्थ अनासक्त भाव से फलाकांक्षारहित होकर यज्ञार्थ कर्म करने के अभ्यास से जीवात्मा और परमात्मा का मिलन है। भक्त का लक्ष्य होता है – आत्मनिवेदन। सर्वत्र भगवल्लीला की अनुभूति, जीव-जगत् को भगवद्-विभूति जानकर, जीव की सेवा करने के उपाय से भगवान् से प्रेम लाभ करना तथा अपने जीवन में भाव, वचन और कर्म द्वारा भगवद्-इच्छा को सफल करना।

जिस प्रकार अग्नि और हिम के सांनिध्य से हमें उष्ण और शीत का अनुभव होता है उसी प्रकार उपास्य के सांनिध्य से उपास्य के भाव में परिभावित होना ही "उपासना" है। आत्मा अथवा परमेश्वर में कोई लिंग-भेद नहीं होता। ईश्वर न तो पुरुष है, न स्त्री है और न ही नपुंसक। भाव एवं रूप की कल्पना के अनुसार साधक को उपास्य का अनुभव होता है। शास्त्र का वचन है – "तं यथा उपासते तदेव भवति"।

जिस प्रक्रिया से हमारी शारीरिक, मानसिक और आध्यात्मिक स्थिति को स्थायी पूर्णता प्राप्त होती है उसी का नाम "साधना" है। आत्मसाक्षात्कार हेतु किए गए सभी प्रयत्न साधना के अन्तर्गत आते हैं। प्रारम्भ में साधक जप, तीर्थयात्रा, व्रत, उपवास, मूर्तिपूजन आदि बाह्य साधनों की सहायता से आत्मा का विकास करता है। तत्पश्चात् आन्तरिक साधना के उपक्रम में मन और बुद्धि के विकारों को दूर करने के उद्यम में संलग्न होता है और अन्त में अन्त:करण के मल और आवरणों को अपसरित करते हुए धारणा-ध्यान-समाधि में पहुँचता है।

श्रेष्ठ व्यक्तित्व अथवा तत्त्व के सांनिध्य से श्रेष्ठता लाभ करना "पूजा" कही जाती है। किसी आदर्श जीवन अथवा तत्त्व को अपने समक्ष रखकर धारणा, ध्यान और समाधि के द्वारा तन्मयता को प्राप्त कर लेना ही पूजा का उद्देश्य है। शास्त्रों में स्वरूपोपलब्धि को "सिद्धि" और अन्यथा-ख्याति रहित स्वरूप में स्व की अवस्थिति को "मुक्ति" कहा गया है। शास्त्रोक्त विधान के अनुसार अपने भीतर छिपे हुए तत्त्व को बाहर की मूर्ति में आरोपित कर, साधना के बल से उसमें तन्मयता स्थापित कर, स्वान्त:स्थ अदृष्ट तत्त्व का दर्शन करना तथा आत्मविस्मृत स्वरूप और तत्त्व की पुनरुपलब्धि को ही वास्तविक पूजा कहा गया है।

सिद्ध और साधक अवस्था के भेद से पूजा दो प्रकार की है। भगवद्भाव में

विभोर रहते हुए भगवल्लीला में सहायक होना सिद्ध-अवस्था की पूजा होती है और साधक अवस्था की पूजा सिद्धावस्था प्राप्त करने के लिए होती है। पूजा के अन्तर्गत संकल्प, स्वस्तिवाचन, जलशुद्धि, आसनशुद्धि, भूतापसारण, भूतशुद्धि, न्यास, उपचारसमर्पण, पञ्चदेवोपासना, गुरु तथा इष्ट की पूजा, जप, आत्मनिवेदन, हवन और विसर्जन आदि क्रियाएँ आती हैं।

''गिरति अज्ञानं इति गुरुः'' - जो अज्ञानरूपी अन्धकार को दूर करते हैं वे गुरु हैं। जो दिव्यदृष्टि प्रदानकर स्वरूप-विस्मृत शिष्य को आत्मस्वरूप का दर्शन कराकर उसको स्वरूप में स्थिति लाभ करने की योग्यता प्रदान करते हैं वे ही गुरु हैं। गुरु परमेश्वर की चिद्‌विभूति हैं। प्रधान गुरु चैतन्यमय ईश्वर है। वे ही आचार्यदेह में अधिष्ठित होकर शिष्य के सारे बन्धन छिन्न करके मोक्षदान करते हैं।

तन्त्रशास्त्र में गुरु की चार कोटियाँ हैं - गुरु, परमगुरु, परमेष्ठिगुरु, परात्पर गुरु (आदिनाथ)। सद्‌गुरु पृथ्वी पर दुर्लभ हैं। परमेश्वर की अनुग्रह शक्ति की कृपा मिले बिना इनका सांनिध्य प्राप्त नहीं होता।

सर्वप्रथम परमेश्वर की अनुग्रह शक्ति के प्रभाव से देहावच्छिन्न साधक-जीव में देहादि की आसक्ति क्षीण होकर प्रकृत ''अहं'' के सन्धान की प्रवृत्ति उत्पन्न होती है। तब सद्‌गुरु कामना, वासना, अहंकार, निज सुख की स्पृहा आदि से विमुख कर उसको प्रकृत द्रष्टा-स्वरूप में ले जाते हैं। साथ ही अन्तःकरण के मालिन्य को अपसरित कर चित्त को निर्मल कराते हुए उसको विशुद्ध सत्ता में उपस्थापित करते हैं और उसके भीतर आत्मतत्त्व का स्फुरण कराते हैं। परिणामस्वरूप शिष्य अपनी देह में आत्मा को प्राप्त कर आत्मभाव में विभोर हो उठता है। साथ ही आत्मभाव का देह के बाहर भी सर्वत्र दर्शन करने लगता है। आत्मा का स्वरूप सर्वव्यापी होने के कारण शिष्य अपनी आत्मा को जितना अधिक अनुभव करता है उतना ही अधिक वह आत्मीय होने लगता है। इस प्रकार से सद्‌गुरु द्वारा उपदिष्ट आत्मानुसन्धान के विधान से शिष्य में ''यत्र यत्र मनो याति ब्रह्मणस्तत्र दर्शनम्'' घटित होने लगता है और कालान्तर में जब सभी पदार्थ अपनी आत्मा की विभूति के रूप में अनुभव में आने लगते हैं तब उसके भीतर इष्टतत्त्व का स्फुरण होने लगता है जो शनैः-शनैः आकृति लाभ लेकर मूर्तिरूप में प्रतिष्ठित हो जाता है। तब वह मूर्ति एकाधार में शिष्य की समस्त इन्द्रियों की तथा आत्मा की पूर्ण तृप्ति का विधान करने लगती है और समस्त रूपों की चरम

परिणति हो जाती है तथा सभी रूपों में उसका दर्शन होने लगता है।

सृष्टिक्रम में पहले भगवान्, पीछे इष्ट और अन्त में गुरु रहते हैं। परन्तु संहारक्रम में पहले गुरु, पीछे इष्ट और सर्वशेष में भगवान् रहते हैं। साधकों के रुचिवैचित्र्य के अनुसार इष्टदेव अनन्त हैं। उनके रूप और गुण तथा उनकी सत्ता, चैतन्य और आनन्द जगत् के अनन्त स्तरों में विन्यस्त होते हैं।

इस प्रकार से शिष्य परमेश्वर के अनुग्रह से सच्छक्तिप्रधान, सद्‌गुरु की चिच्छक्ति से आविर्भूत होने से चिच्छक्तिप्रधान और अपने भीतर परमेश्वर की आनन्दशक्ति का स्फुरण होने से इष्ट के आनन्दशक्ति की उपलब्धि कर लेता है।

सच्चिदानन्द वस्तुतः एक वस्तु है फिर भी हम अनुभव करने के लिए सत्ता, चैतन्य और आनन्द को त्रिधा विभक्त भाव में अनुसन्धान करते हैं। परमतत्त्व सदंशप्रधान भाव में विशुद्ध सत्ता है, चिदंशप्रधान भाव में द्रष्टा और भोक्ता है और आनन्दांशप्रधान भाव में भोग्य, दृश्य और इष्टरूप है। शिष्य सत्-प्रधान, गुरु चित्-प्रधान, इष्ट आनन्द-प्रधान और परमतत्त्व सत्ता-चैतन्य-आनन्द का अपूर्व समन्वय है।

इष्ट इच्छा का विषय होता है अत एव इष्ट का अर्थ है – अभिलषित अथवा प्रार्थित विषय। यह लौकिक और पारलौकिक रूप में अनेक स्तरों से युक्त होता है। परमात्मा परम इष्ट वस्तु है। वे अखण्ड अद्वय तत्त्व हैं। जीव-जगत् उनकी उपाधि है। जीव-जगत् वेष से आवृत्त आवरण के कारण ही हम अखण्ड को खण्डित समझते हैं। जिसको देखकर और कुछ देखऩा शेष नहीं रहता, जो हो जाने पर और कुछ होना शेष नहीं रहता, जिनको जानकर और कुछ जानना शेष नहीं रहता ऐसे ही इष्ट की धारणा श्रेयस्कर होती है।

तन्त्रागमों में दीक्षा आत्मसंस्कार का ही अपर पर्याय है। आणव, मायीय और कार्ममल से आच्छन्न संसारी जीव का स्वाभाविक पूर्णत्व प्रस्फुटित नहीं हो सकता। पूर्ण और शिवस्वरूप होते हुए भी अपरिच्छिन्न आत्मा आणवमल के आवरण के प्रभाव से अपने को सब प्रकार से परिच्छिन्न सा अनुभव करता है। यह मल अपूर्णता का बोधक है और अन्य दो मलों का भित्तिस्वरूप भी है। आणवमल से आवरित होने पर आत्मा में शुभाशुभ वासना का उद्‌भव होता है जिसके विपाक से जन्म, आयु और भोग निर्धारित होते हैं। इसका नाम कार्ममल है। इस कर्म से उत्पन्न कंचुकरूप आवरण हैं – कला, विद्या, राग, काल, नियति और इनकी समष्टिभूता माया। पुर्यष्टक और स्थूल भूतमय विभिन्न जातीय कारण,

सूक्ष्म और स्थूल देहों का आश्रय कर विचित्र भुवन और नाना प्रकार के भोग्यपदार्थों के कारण यह मायीय मल के रूप में प्रसिद्ध है। कला से पंचमहाभूत तक सारे तत्त्व देहस्थित मायीय पाश हैं और यहीं तक संसार है। इस प्रकार ये तीन प्रकार के मल या आवरण बद्ध आत्मा में सर्वदा विद्यमान रहते हैं। दीक्षा के द्वारा इसी मलाबद्ध आत्मा का संस्कार होता है जिससे त्रिविध मलों की निवृत्ति होती है।

जिसके द्वारा ज्ञान दिया जाता है और जीववासना का क्षय होता है, इस प्रकार के दान और क्षपण-युक्त क्रिया का नाम ''दीक्षा'' है। दीक्षा या अभिषेक के उपरान्त ही तान्त्रिक साधना आरम्भ होती है। परमेश्वर के अनुग्रह रूप शक्तिपात की तीव्रता आदि के भेद से और शिष्य के अधिकार-वैचित्र्य के अनुसार यह दीक्षा नाना प्रकार की होती है। तन्त्रशास्त्र की प्रत्येक शाखा में नामकरण, मन्त्रोपदेश आदि कृत्यों के सम्पादन के पश्चात् गुरु शिष्य को मन्त्र, मुद्रा, न्यास आदि दीक्षा के विषयों का बोध अपनी-अपनी पद्धति से कराते हैं।

तन्त्रागमों में दीक्षा प्राप्त व्यक्ति की चार अवस्थाओं का वर्णन मिलता है, वे हैं – समयी, पुत्रक, साधक और आचार्य। प्रथम चरण में शिष्य को कुछ समयों (नियमों) का उपदेश दिया जाता है जिनका पालन करने वाला ''समयी'' कहलाता है। इन नियमों का ठीक-ठीक पालन करने वाले शिष्य को गुरु पुत्रवत् स्वीकार कर लेता है जो ''पुत्रक'' कहलाता है। गुरु के द्वारा उपदिष्ट पद्धति से साधना में रत शिष्य ''साधक'' कहलाता है और कालान्तर में गुरुकृपा से वही साधक-शिष्य पूर्णाभिषिक्त होकर ''आचार्य'' पदवी पर प्रतिष्ठित हो जाता है। दीक्षा के विविध भेदों का वर्णन स्वच्छन्दतन्त्र, तन्त्रालोक आदि ग्रन्थों में द्रष्टव्य है।

''यन्त्र'' शब्द ''यम्'' धातु से निष्पन्न होता है जिसका साधारण अर्थ है – संयमन करना, नियन्त्रण करना, विस्तृत शक्ति को केन्द्रीभूत करना। प्रत्येक परमाणु के भीतर अनन्त शक्तियाँ निहित होती हैं और जहाँ यह शक्ति बीजाकार रूप में निहित होती है और जहाँ से यह बीजशक्ति पूर्णतया प्रकटित होती है उस आधार का नाम ''यन्त्र'' है। हमारे शरीर के ऐसे एक-एक स्नायुकेन्द्र हैं जिनमें प्राणशक्ति को चालित कर और वहाँ मन को स्थिर कर अनेक अतीन्द्रिय तत्त्वों का प्रत्यक्ष दर्शन किया जा सकता है। मेरुदण्डस्थ चक्रों के प्रत्येक चक्र में बीजाकार रूप में साधन-राज्य के अनेक तत्त्व छिपे हुए हैं। यन्त्र में विस्तृत शक्ति केन्द्रीभूत होती है और चक्र में केन्द्रित शक्ति का विस्तार होता है।

जिस प्रणाली के अवलम्बन से हम शरीरस्थ गुप्त शक्तियों को प्रकट कर नाना प्रकार की अलौकिक शक्तियों की सहायता से सृष्टि-रहस्य, भगवत्लीला रहस्य आदि के ज्ञान-विज्ञान सम्मत अनेक गूढ़ रहस्यों को जान सकते हैं वह प्रणाली 'तन्त्र' कहलाती है। यन्त्र और तन्त्र के स्वरूप को न जान सकने के कारण हम साधनराज्य के अनेक तत्त्वों से वंचित रह जाते हैं।

''मन्त्र'' शब्द ''मन्'' धातु के उत्तर ड-प्रत्ययान्त ''त्रै'' धातु के योग से निष्पन्न होता है। ''मननात् त्रायते यस्मात् तस्मात् मन्त्र उदाहृत:'' – अर्थात् जिसके मनन-चिन्तन द्वारा संसार सागर से उत्तीर्ण होकर परमानन्द की प्राप्ति होती है उसी का नाम ''मन्त्र' है। शब्द की परा, पश्यन्ती, मध्यमा और वैखरी-भाव के अन्तर्गत कारण, सूक्ष्म, स्थूल और जगत् रूप में आत्मप्रकाश का तत्त्व निहित है। मन्त्रों में अचिन्त्य शक्ति है। मन्त्र की अन्तर्निहित शक्ति, मन्त्रदाता गुरु की संचारित शक्ति एवं मन्त्र-ग्रहीता साधक की साधनशक्ति, ये तीनों मिलकर मन्त्रसिद्धि की पूर्णता सम्पादन करती हैं। मन्त्र के अर्थ और भाव को देहपुरी के सभी तत्त्वों में संचालित कर देह को परिभावित करने का नाम ''मन्त्र का पुरश्चरण'' है। मन्त्र, मन्त्र का अर्थ और उसके देवता का एकीकरण ''मन्त्र-चैतन्य'' कहलाता है।

मन्त्र का पुरश्चरण और चैतन्य साधित हुए बिना सिद्धिलाभ सम्भव नहीं है। मन्त्र चिच्छक्ति का विशिष्ट प्रकाश है। वह चैतन्य की घनीभूत मूर्ति अथवा देवता का आत्मप्रकाश है। मन्त्र और देवता अभिन्न होते हैं। वर्णमाला के बीजाक्षर ही मूलमन्त्र हैं और उनमें सारी शक्तियाँ निहित होती हैं। मन्त्र के बार-बार उच्चारण को ''जप'' कहते हैं। उच्चारण इस प्रकार का होना चाहिए जिसके परिणामस्वरूप सभी तत्त्व भगवद्भाव से परिभावित होकर, भगवच्छक्तियुक्त होकर, भगवत्काय-साधन में नियुक्त हो सकें। भगवान् पतंजलि ने इसी प्रकार के जप को मन्त्र की ''भावना'' नाम से निर्देश किया है। मन्त्रार्थ की भावना द्वारा साधक मन्त्रमय हो जाता है। जप त्रिविध हैं – वाचिक, उपांशु, और मानसिक। वाचिक जप वायु से सम्बन्धित है। इस जप में श्वास-प्रश्वास स्वाभाविक रूप में चलती रहती है और बाहरी उच्चारण बाह्यवायु की सहायता से होता है। इस प्रकार के जप में शब्द और अर्थ में एक पार्थक्य होता है। उपांशुजप में श्वास अनेक अंशों में क्षीण हो जाती है और बाह्यवायु का भी सम्बन्ध अनेकांश में छिन्न हो जाता है। उस समय जप सुषुम्ना पथ में चलने लगता है और अपने आप ही होने लगता है। यद्यपि वाचिक और उपांशुजप अनेक अंशों में वैखरी में ही साधित होते हैं तथापि उपांशुजप में कुछ मध्यमा की क्रिया भी लक्षित होती है। मानसिक जप में बाह्यवायु से सम्बन्ध

नहीं रहता। यह चिन्ता-चेष्टा विवर्जित रूप में भीतर ही भीतर होता है और तब शब्द और अर्थ का सम्मिश्रण अनुभूत होता है। जप जब मध्यमा का त्याग कर पश्यन्ती में प्रवेश करता है तब शब्द और अर्थ एक सत्ता में परिणत हो जाते हैं।

जप के समय तीन विषयों की तरफ विशेष दृष्टि आवश्यक होती है – प्रथम में, नादानुसन्धान अर्थात् अपने भीतर के स्वभाव के स्रोत में अपने को प्रवाहित कर, समस्त विकृत भाव को दूर कर, स्वभाव में स्थिति लाभ करना; द्वितीय में, नाद की संगति में चलते-चलते नादभावापन्न हो जाने पर नाद के साथ जाकर आज्ञाचक्र में स्थिति लाभ करना अैर नाद की लीला का दर्शन करना; तृतीय में प्राण की क्रिया के संग मन का मिलन साधन करना। प्रत्येक मन्त्र में ऋषि, छन्द, देवता और विनियोग आदि का विशिष्ट महत्त्व है। इसका सम्यग् ज्ञान हुए बिना मन्त्रजप की क्रिया व्यर्थ हो जाती है।

ऋषि शब्द ''ऋ गतौ'' धातु से व्युत्पन्न होता है अर्थात् जिनका अपरोक्ष दर्शन खुल गया है वे ''ऋषि'' हैं। जिस साधक ने जिस उद्देश्य से जिस साधन-प्रणाली द्वारा सिद्धिलाभ की है वह उस निर्दिष्ट तत्त्व का, उस निर्दिष्ट साधन-प्रणाली का ऋषि होता है। जिन्होंने इस लक्ष्य में सिद्धि प्राप्त की है वे ही इस लक्ष्य-सिद्धि के और इस मन्त्र के ऋषि होते हैं।

जिस प्रणाली द्वारा भाव का कम्पन उत्पन्न कर उद्देश्य सिद्ध होता है वह उस निर्दिष्ट साधन-प्रणाली का ''छन्द'' होता है। मन्त्रोच्चारण की जिस लय से पूर्व में सिद्धिलाभ किया गया है वही उस मन्त्र का छन्द होता है।

देवता शब्द द्योतनार्थक व क्रीडार्थक ''दिवु'' धातु से व्युत्पन्न होता है। प्रकृति के विभिन्न तत्त्वों में, विभिन्न स्तरों में, चैतन्य परमात्मा किस प्रकार प्रकाशित और लीलारत है, वह देवता तत्त्व के अन्तर्गत है। भगवत् चैतन्य के विभिन्न प्रतिबिम्ब अथवा विभूति, विभिन्न भाव के लीलाभाव का नाम देवता-तत्त्व है। जिस स्नायुकेन्द्र में वह शक्ति निहित है, उस स्नायुकेन्द्र में प्राणवायु और मननशक्ति को एकाग्रकर, वहाँ की सुप्त शक्ति को जाग्रत् कर, उस केन्द्र में उस शक्ति के प्रकाश तथा कार्य-प्रणाली को उपलब्ध करना उस साधना-प्रणाली का देवता-तत्त्व कहा जाता है।

कौन-सी साधना किस भाव से अनुष्ठित हुई और उससे क्या प्रयोजन सिद्ध हुआ, यह विनियोग-तत्त्व के अन्तर्गत आता है। जाग्रत् शक्ति को उद्देश्य विशेष में नियोजित करके लक्ष्य प्राप्त करना विनियोग-तत्त्व है।

तन्त्र और योगशास्त्र के अनुसार शरीर के मेरुदण्डस्थ सुषुम्नामार्ग में छः केन्द्र हैं जहाँ जीव संस्कारवश चक्कर खाता रहता है और नानाविध भोग और आकर्षण में फँस जाता है। मूलाधार से सहस्रार तक का पथ ही साधनराज्य का एक प्रधान अवलम्बन है। इसी पथ के भीतर विविध देह, पञ्चतत्त्व, पञ्चकोश, सप्तलोक तथा ज्ञानराज्य की सप्तभूमि के स्थान भी निर्धारित हैं। इसके एक-एक केन्द्र में चित्त समाहित करने से उस केन्द्रस्थ तत्त्व के सभी रहस्य स्वतः प्रकट होने लगते हैं।

मेरुदण्ड के बहिर्भाग में बाईं ओर इडा, दाईं ओर पिंगला एवं मध्य में सुषुम्ना की स्थिति है। सुषुम्ना मेरुदण्ड के ऊर्ध्वस्थ सहस्रार से सर्वनिम्नस्थ मूलाधार तक विस्तृत है। सर्वनिम्न में गुह्य और लिंग के मध्य में चतुर्दल "मूलाधार" चक्र है। इसके ऊपर लिंग-मूल में षड्दल "स्वाधिष्ठान" चक्र है। इसके ऊपर नाभिस्थ दशदल "मणिपूर" चक्र है। इसके ऊपर हृदय में द्वादशदल "अनाहत" चक्र है। इसके ऊपर कण्ठदेश में षोडशदल "विशुद्धाख्य" चक्र है। इसके ऊपर भ्रूमध्य में द्विदल "आज्ञा" चक्र है। सर्वोपरि शिरोदेश में सहस्रदलविशिष्ट "सहस्रार" अवस्थित है। सहस्रार अधोमुख है। नीचे के चक्र जाग्रत् हो जाने पर यह ऊर्ध्वमुखरूप में परिलक्षित होता है। सहस्रार के मध्य बिन्दु से निरन्तर अमृतस्राव होता रहता है किन्तु साधारण जीव के निम्नवर्ती कमल सुप्त होने के कारण यह अमृत कालाग्नि-कुण्ड में निरन्तर गिरता रहता है जिससे जीवदेह में जरा, विकार, मलिनता, मृत्यु आदि का आविर्भाव होता है। किन्तु कुण्डलिनी जागरण और तदुत्तर योगक्रिया के प्रभाव से निम्नवर्ती कमल क्रमशः जाग्रत् होकर ऊर्ध्वमुख हो जाते हैं और क्षरित अमृत धारण करने एवं पुष्टिलाभ करने में समर्थ हो जाते हैं।

मूलाधार से स्वाधिष्ठान तक "अन्नमय", स्वाधिष्ठान से मणिपूर तक "प्राणमय", मणिपूर से अनाहत तक "मनोमय", अनाहत से विशुद्धाख्य तक "विज्ञानमय" और विशुद्धाख्य से आज्ञाचक्र तक "आनन्दमय" कोश का स्थान है। उसके ऊपर की भूमि को कोशातीत कहा जाता है।

कुण्डलिनी जाग्रत् करना, षट्चक्रभेद करना एवं ग्रन्थिभेद करना – इन तीनों में एक सादृश्य है। प्राचीन ऋषियों ने मन और प्राण का सम्बन्ध और दोनों के कार्य-कलाप के अनुसन्धान में यह तय किया है कि मन जहाँ जाता है, प्राण उसका अनुगमन करता है। इनमें से एक को शान्त करने पर दूसरा स्वयं शान्त हो जाता है और यदि एक चंचल हो तो दूसरा शान्त नहीं हो सकता। इस आधार पर योग की विशिष्ट क्रियाएँ प्रधानतः दो प्रकार से साधित होती हैं – प्रथम में, मन

की सहायता से ध्यानयोग अथवा भक्तियोग का अवलम्बन करके और द्वितीय में, प्राण की सहायता से क्रियायोग का अवलम्बन करके।

प्राणयोग की सहायता से कार्यसिद्धि लाभ करना हठयोग के अन्तर्गत है। राजयोग में ध्यान और संयम की सहायता लेनी पड़ती है। भक्तियोग में चित्तशुद्धि और ध्यान-जपादि सहायक होते हैं। ध्यानयोग की सहायता से हठयोग की क्रिया भी सहज साधित हो जाती है।

षट्चक्रों में वर्णित मणिपूर, अनाहत और आज्ञा - इन चक्रों को ब्रह्मग्रन्थि, विष्णुग्रन्थि और रुद्रग्रन्थि के नाम से भी जाना जाता है। ये तीनों ग्रन्थियाँ पुत्रैषणा, वित्तैषणा और लोकैषणा नाम से भी परिचित हैं। ब्रह्मग्रन्थि भेद के फलस्वरूप साधक कामादि कुप्रवृत्ति, सृष्टिवासना आदि पर विजय प्राप्त कर जितेन्द्रिय होता है। विष्णुग्रन्थि भेद होने पर वैष्णवीमाया धन-ऐश्वर्य आदि का प्रलोभन उसको विचलित नहीं कर सकता। रुद्रग्रन्थि भेद के पश्चात् साधक प्रतिष्ठा-मोह पर विजय प्राप्त करने में समर्थ हो जाता है। ध्यान-जप-प्राणायामादि की क्रियाएँ ठीक ढंग से अनुष्ठित होने पर चक्रभेद अथवा ग्रन्थिभेद की क्रियाएँ स्वतः साधित हो जाती हैं।

जीव की आत्मविस्तृत अवस्था ही कुण्डलिनी की निद्रा है। जीव वस्तुतः शिवस्वरूप है किन्तु आत्मविस्मृत हो जाने के फलस्वरूप अपने वास्तविक स्वरूप का अनुभव नहीं कर पाता। बहिर्जगत् में आकर वह वैष्णवीमाया से आच्छन्न होकर सुषुम्ना के पथ से विचलित होकर इडा-पिंगला के मार्ग में विचरण करने लगता है और क्रमशः संस्कार अथवा वासना, कर्तृत्वाभिमान, भोग-स्पृहा आदि के चक्कर में पड़कर अशेष यातना भोगता है। परन्तु परमेश्वर के अनुग्रह से तथा शास्त्र, गुरु और स्वयं की सहायता से सुषुम्नावाही ऊर्ध्वस्रोत के माध्यम से अपने वास्तविक स्वरूप को प्राप्त कर लेता है। मन्त्रयोग की सहायता से सुषुम्ना-पथ में मूलाधार से सहस्रार तक षट्चक्र भेद होने पर, आरोह-अवरोह क्रम के अभ्यास से कुण्डलिनी की निद्रा पूर्णरूप से भंग हो जाती है। भूतशुद्धि भी तब स्वतः साधित हो जाती है। कुण्डलिनी जागरण के विविध उपायों का शास्त्रों में वर्णन मिलता है। इनमें क्रियायोग के अन्तर्गत आने वाले उपाय अर्थात् वज्रासनादि आसन, शक्तिचालन आदि मुद्राएँ, ब्रह्मचर्यादि नियम, कृत्रिम प्राणायाम आदि की क्रियाएँ - ये सब सिद्धगुरु के सांनिध्य में अत्यन्त सावधानी से करने योग्य होती हैं। कुण्डलिनी साधन का अन्यतम श्रेष्ठ उपाय है - ज्ञान, कर्म और भक्ति का

समन्वय साधन। ज्ञान और भक्तियोग की साधना और संयमादि के फलस्वरूप सुषुम्ना का पथ स्वतः खुल जाता है। मन को स्थिर और शान्त करने का सहज उपाय नादानुसन्धान भी है। इस प्रक्रिया में नाद खुल जाने पर नाद की संगति में अजपामन्त्र का जप करना होता है।

देह के समस्त कर्म एवं समस्त मानसिक व्यापार इडा-पिंगला की सहायता से सम्पादित होते हैं। नाड़ी की अन्तर्मुखी अवस्था का नाम इडा और अन्तर्मुखी चित्त का नाम चन्द्र-तत्त्व है। इसके प्रभावकाल में हमारी इन्द्रिय, मन, बुद्धि आदि की गति बाहर से भीतर की ओर चालित होती है। इडा को बहिर्गति (जागतिक भाव) का नाशक मानकर 'वामा' नाम दिया गया है। जब श्वास बाईं नासिका से चलती हो तब इडा का प्रभावकाल मानकर धारणा, ध्यान, जप, पूजादि कार्य करने का उपदेश दिया गया है।

पिंगला सूर्य नाड़ी नाम से भी प्रसिद्ध है। यह जीव को बाहरी क्रिया-कलापों की तरफ चालित कर बहिर्मुखी बनाती है। यह विष्णु की पालनशक्ति है, इसलिए यह जाग्रत् अवस्था की द्योतक है। जब दक्षिण नासिका से श्वास प्रबल होती है तब पिंगला के क्रियाकाल में भोजन, धावन, मैथुन, युद्धादि राजसिक कर्म किए जाते हैं।

इडा और पिंगला की सन्धि सुषुम्ना के नाम से विख्यात है। किन्तु यह क्षणिक स्थिति होने के कारण इससे साधन में सहायता नहीं मिलती। साधन बल से यह स्थिति अपने अधीन करना आवश्यक होता है। इडा-पिंगला की गति जिस मात्रा में तिरोहित होती है ठीक उसी परिमाण में सुषुम्ना में वायु की ऊर्ध्वगति लक्षित होती है। जब प्राण-प्रवाह सुषुम्ना नाड़ी में चलना आरम्भ करता है तभी उसका विकास लक्षित होता है। प्राण की स्पन्दित अवस्था को जीवावस्था एवं निःस्पन्द अवस्था को योगावस्था कहते हैं। दीर्घकाल तक प्राणायाम, जपादि के अभ्यास से प्राणवायु सुषुम्ना में चलना आरम्भ करती है। सुषुम्ना में प्राणवायु के विलीन हो जाने पर बाह्य विषयों का ज्ञान नहीं रहता। उस समय इन्द्रियादि की क्रियाओं का लोप हो जाता है। तब शिवतत्त्व का साक्षात्कार होता है। इसी कारण सुषुम्ना को वह्नितत्त्व अथवा श्मशान और शिव को श्मशानवासी कहा जाता है। सुषुम्ना मार्ग के साधक को श्मशान में शवसाधक कहा जाता है। इसका कारण यह है कि इस अवस्था में देह शवभाव को प्राप्त हो जाता है और देहाध्यास लुप्त हो जाता है।

प्रायः सभी सम्प्रदायों के साधकों में अधिकारी-विचार का भाव पाया जाता है। यह विचार गुरु और शिष्य दोनों ही के लिए है किन्तु वर्तमान समय में अधिकारी-

विचार अत्यन्त शिथिल हो गया है। हम अपने को सभी तरह का अधिकारी मान बैठे हैं जिससे साधन राज्य में अराजकता की स्थिति पैदा हो गई है। पूर्व से ही तान्त्रिक सम्प्रदायों में यदि पश्वाचार भेद और सहजिया सम्प्रदाय में यदि "प्रवर्त्तक", "साधक", "सिद्धादि" भेद की तरफ विशेष ध्यान दिया गया होता तो आज तान्त्रिकों को मद्यपायी, व्यभिचारी आदि की तथा सहज-साधना को कठिन, घृणित, पतित आदि की उपाधियाँ नहीं मिल पाती। बाह्यपूजा और पश्वाचार भी उन्नत स्तर में पहुँचाने की क्षमता रखते हैं किन्तु इनमें क्रमोन्नति का पथ है।

तन्त्रशास्त्र में वर्ष में कम-से-कम एक बार, अनिवार्य रूप से गुरुदर्शन करने का निर्देश मिलता है जिससे शिष्य अपने साधनागत क्रिया-कलाओं की समीक्षा कराकर उच्चतर स्थिति में पहुँचने के लिए आवश्यक दिशा-निर्देश ले सके। किन्तु आजकल गुरुआई एक बड़ा व्यवसाय बन गई है। गुरु का यह भी दायित्व है कि मूर्तिपूजा में दक्ष शिष्य को स्तव-स्तुति और जपादि के द्वारा शनैः-शनैः ध्यान में प्रविष्ट कराकर और अन्त में उसको भगवद्भाव से परिभावित कर सभी जीवों के भीतर भगवद्ध्यान, भगवद्दर्शन और भगवत्सेवा की योग्यता प्रदान करे परन्तु आज यह भी एकाध स्थलों को छोड़कर देखने-सुनने को कहाँ मिलता है। अनुपयुक्त लोगों का गुरु का आसन ग्रहण करने के फलस्वरूप राष्ट्र का बहुत अनिष्ट हो रहा है।

इस प्रकार से गुरु-परम्परा एवं शास्त्रीय-ग्रन्थों से अर्जित ज्ञान के आधार पर कुछ तथ्यों पर हमारे द्वारा प्रकाश डाला गया है। हम समझते हैं कि इन प्रसंगों में अभी भी बहुत कुछ कहना शेष रह गया है जो किन्हीं कारणों से सम्भव नहीं हो सका है इसके लिए हम सुधी-पाठकजनों के क्षमाप्रार्थी हैं।

इस ग्रन्थ का सम्पादन तैयार करने की प्रेरणा मुझे जामिया मिलिया विश्वविद्यालय, नई दिल्ली के प्रो० मधु खन्ना जी से मिली थी। एतदर्थ मैं इनका आभारी हूँ। प्रो० खन्ना श्रेष्ठ विदुषी और साधिका हैं। भारतीय तन्त्र-शास्त्र के अध्ययन को आगे बढ़ाने में इनका महत्त्वपूर्ण योगदान रहा है।

प्रो० शीतला प्रसाद उपाध्याय
सांख्ययोगतन्त्रागम विभाग
सम्पूर्णानन्द संस्कृत विश्वविद्यालय, वाराणसी

विषय-सूची

द्वितीयः प्रकाशः

॥ अथ दीक्षाप्रकाशः ॥

प्रथमः प्रकाशः

। श्रीगणेशाय नमः ।

सृष्टिस्थितिलयकर्त्री नगपतिपुत्री पुमर्थसन्दात्री।
काचिन्नवजलदाभा विधिहरिवन्द्या जयत्याद्या॥ १॥
साधकानां हितार्थाय जीवनाथेन धीमता।
दीक्षाप्रकाशः क्रियते तन्त्रसारानुसारतः॥ २॥

॥ अथ दीक्षानित्यता ॥

यामले –

अदीक्षितानां मर्त्यानां दोषं श्राण्वन्तु साधकाः।
अन्नं विष्टासमं ज्ञेयं जलं मूत्रसमं तथा॥
अदीक्षितकृतं श्राद्धं श्राद्धं चादीक्षितस्य च।
गृहीत्वा पितरस्तस्य नरके चाशुदारुणे॥
पतन्त्येव न सन्देहो यावदिन्द्राश्चतुर्दश।
तथाप्यदीक्षितस्यार्चान् देवा गृह्णन्ति नैव हि॥
तस्माददीक्षितं दृष्ट्वा सचैलं स्नानमाचरेत्।
दीक्षाग्रहणकाले तु पापराशिः प्रलीयते॥
निर्वाणपदसंयुक्तो बहिर्गच्छति तत्परः।
सर्वाश्रमेषु दीक्षाया नित्यत्वं परिचक्षते॥
अनीश्वरस्य मर्त्यस्य नास्ति त्राता सुरेश्वरि।
तथा दीक्षाविहीनस्य नेह त्राता परत्र च॥
न तपोभिर्जपैर्होमैरुपचारैश्च साधनैः।
दिव्यज्ञानं यतो दद्यात् कुर्यात्पापस्य संक्षयम्॥
तस्माद्दीक्षेति सा प्रोक्ता मुनिभिस्तन्त्रवेदिभिः।

दीक्षामूलं जगत्सर्वं दीक्षामूलं परंतपः॥
दीक्षामाश्रित्य निवसेद्यत्र कुत्राश्रमे जनः।
अदीक्षितश्च मरणे रौरवं नरकं व्रजेत्॥
तस्माद् दीक्षां प्रयत्नेन गृह्णीयादागमोन्मुखः।

तथा चोक्तं ताराकल्पे –

कल्पे दृष्ट्वा तु मन्त्रं वै यो गृह्णाति नराधमः।
मन्वन्तरसहस्रेषु निष्कृतिर्नैव जायते॥
पितुर्मन्त्रं न गृह्णीयात्तथा मातामहादपि।
सोदरस्य कनिष्ठस्य वैरिपक्षाश्रितस्य च॥
प्रमादाद्वा तथाऽज्ञानात् पितुर्दीक्षां समाचरेत्।
प्रायश्चित्तं ततः कुर्यात् पुनर्दीक्षां समाचरेत्॥
पितुर्दीक्षायते दीक्षा दीक्षा च वनवासिनः।
अनाश्रमाणां या दीक्षा सा दीक्षा दुःखदायिनी॥

अन्यतन्त्रेऽपि –

पितुर्मन्त्रं न गृह्णीयात् तथा वैराश्रितस्य च।
कदाचिदपि गृह्णाति पुनः संस्कारमर्हति॥
निर्वीर्यं तु पितुर्मन्त्रं शैवे शाक्ते न दुष्यति।

– इति कौलिकमन्त्रदीक्षापरम्। तथा च योगिनीतन्त्रे। शक्तिदीक्षामधिकृत्य पितृदीक्षानिषेधात्। महातीर्थं उपरागे सति सर्वत्र न दोषः। तथा च विष्णुमन्त्रमधिकृत्य,

साधु पृष्टं त्वया ब्रह्मन् वक्ष्यामि सकलं तव।
ब्रह्मणा कथितं पूर्वं वसिष्ठाय महात्मने॥
वसिष्ठोऽपि स्वपौत्राय मत्पित्रे दत्तवान् स्वयम्।
प्रसन्नहृदयः स्वच्छः पिता मे करुणानिधिः॥
कुरुक्षेत्रे महातीर्थे सूर्यपर्वणि दत्तवान्।

– इत्यादि वैशम्पायनीयसंहितायां शौनकं प्रति व्यासवाक्यम्।

योगिनीतन्त्रे –

निर्वीर्यं तु पितुर्मन्त्रं तथा मातामहस्य च।
स्वप्नलब्धं स्त्रिया दत्तं संस्कारेणैव शुद्ध्यति॥

यत्तु –

साध्वी चैव सदाचारा गुरुभक्ता जितेन्द्रिया।
सर्वमन्त्रार्थतत्त्वज्ञा सुशीला पूजने रता॥
गुरुयोग्या भवेत्सा हि विधवा परिवर्जिता।
स्त्रियो दीक्षा शुभा प्रोक्ता मातुश्चाष्टगुणाः स्मृताः॥
(रु. या. २.१०८, १११–११२)

*इदन्तु गुरोरुपासितमन्त्रपरम्। तथा च भैरवीतन्त्रे – **"स्वीयमन्त्रोपदेशे तु न कुर्याद् गुरुचिन्तनम्।"** मातुरित्युपासितेऽष्टगुणम्, अनुपासिते शुभफलदमित्यर्थः। सिद्धमन्त्रविषयं वेति केचित्।*

योगिनीतन्त्रे –

स्वप्नलब्धे च कलशे गुरोः प्राणं निवेशयेत्।
वटपत्रे कुङ्कुमेन लिखित्वा ग्रहणं शुभम्॥
ततः सिद्धिमवाप्नोति अन्यथा विफलं भवेत्।

इदं तु सद्गुरोरभावे। तत्सम्भवे तस्मादेव ग्रहणं कुर्यात्। स्वप्ने तु नियमो न हीति नारदवचनात्।

॥ अथ गुरुलक्षणम् ॥

शान्तो दान्तः कुलीनश्च विनीतः शुद्धवेशवान्।
शुद्धाचारः सुप्रतिष्ठः शुचिर्दक्षः सुबुद्धिमान्॥
आश्रमी ध्याननिष्ठश्च तन्त्रमन्त्रविशारदः।
निग्रहानुग्रहे शक्तो गुरुरित्यभिधीयते॥
(रु. या. २.५१-५२)

॥ अथ निन्द्यगुरुलक्षणम् ॥

शिवत्री चैव गलत्कुष्ठी नेत्ररोगी च वामनः।
कुनखी श्यावदन्तश्च स्त्रीजितो ह्यधिकाङ्क्षकः॥

हीनाङ्गः कपटी रोगी वह्वाशी बहुजल्पकः।
एतैर्दोषैर्विहीनो यः स गुरुः शिष्यसम्मतः॥

॥ अथ शिष्यलक्षणम् ॥

शान्तः सुनीतः शुद्धात्मा श्रद्धावान् धारणक्षमः।
समर्थश्च कुलीनश्च प्राज्ञः सच्चरितो व्रती॥
एवमादिगुणैर्युक्तः शिष्यो भवति नान्यथा।
गुरुता शिष्यता वापि तयोर्वत्सरवासतः॥

तथा चोक्तं सारसंग्रहे –

तद्गुरुः स्वाश्रितं शिष्यं वर्षमेकं परीक्षयेत्।
राज्ञि राष्ट्रकृतं पापं पत्नीपापं स्वभर्त्तरि॥
तथा शिष्यार्जितं पापं गुरुः प्राप्नोति निश्चितम्।

॥ मन्त्रग्रहणविचारः ॥

*अतः सद्गुरोराप्तदीक्षः सन् सर्वकर्माणि साधयेत्। तत्राप्यनुकूलं मन्त्रं गृह्णीयात्। तथा च –**"स्वताराराशिकोष्ठानामनुकूलान् भजेन्मनून्।"** तथा च वाराहीतन्त्रे –*

ताराचक्रं राशिचक्रं नामचक्रं तथैव च।
तत्र चेत्सद्गुणो मन्त्रो नान्यच्चक्रं विचारयेत्॥

इदन्तु प्रधानतया बोध्यम्। तथा च – **"धनिमन्त्रान् न गृह्णीयादकुलञ्च तथैव च"** इत्यादिदर्शनात्तत्तच्चक्रविचारस्यावश्यकत्वमिति।

नृसिंहार्कवराहाणां तारप्रासादयोरपि।
सपिण्डाक्षरमन्त्राणां सिद्धादीन्नैव शोधयेत्॥

तारः प्रणवः। प्रासादः हौं। सपिण्डाक्षरः कूटमन्त्र इति।

स्वप्नलब्धे स्त्रिया दत्ते मालामन्त्रे च त्र्यक्षरे।
वैदिकेषु च सर्वेषु सिद्धादीन्नैव शोधयेत्॥

मालामन्त्रस्तु ***वाराहीये – "विंशत्यर्णाधिक्यमन्त्रा मालामन्त्राः प्रकीर्त्तिताः"*** इति।

हंसस्याष्टाक्षरस्यापि तथा पञ्चाक्षरस्य च।
एकद्वित्र्यादिबीजस्य सिद्धादीन्नैव शोधयेत्।

हंसमन्त्र**स्तु** –

हकारेण बहिर्याति सकारेण विशेत्पुनः।
हंसहंसेति मन्त्रोऽयं जीवो जपति सर्वदा॥ इति।
काली तारा महाविद्या षोडशी भुवनेश्वरी।
भैरवी छिन्नमस्ता च विद्या धूमावती तथा॥
बगला सिद्धविद्या च मातङ्गी कमलात्मिका।
एकादश महाविद्याः सिद्धविद्याः प्रकीर्त्तिताः॥
नात्र सिद्धाद्यपेक्षास्ति न नक्षत्रविचारणा।
कालादिशोधनं नास्ति न च मित्रादिशोधनम्॥

– इत्यादिवचनादेतेषां विचारो नास्ति। वस्तुतस्तु प्रशंसापरमिदम्। सर्वत्र विचारस्यावश्यकत्वमिति साम्प्रदायिकाः।

॥ अथ कुलाकुलचक्रम् ॥

तत्रादौ कुलाकुलचक्रमाह निबन्धे –

वाय्वग्निभूजलाकाशाः पञ्चाशल्लिपयः क्रमात्।
पञ्च ह्रस्वाः पञ्च दीर्घा बिन्द्वन्ताः सन्धिसम्भवाः॥
कादयः पञ्चशः षक्षळसहान्ताः समीरिताः। **इति।**

(शा. ति. २.१०-११)

अआएकचटतपयषा मारुताः, इईऐखछठथफरक्षा आग्नेयाः, उऊओ-गजडदबलळाः पार्थिवाः, ऋॠऔघझढधभवसा वारुणाः, ऌॡअंङञणनमशहा नाभसा इति।

साधकस्याक्षरं पूर्वं मन्त्रस्यापि तदक्षरम्।
यद्येकभूतं दैवत्यं जानीयात्सकुलं हि तत्॥
भौमस्य वारुणं मित्रमाग्नेयस्यापि मारुतम्।
मारुतं पार्थिवानां च आग्नेयं चाम्भसां रिपुः॥
नाभसं सर्वमित्रं स्याद्विरुद्धं नैव शीलयेत्।

वायुः	अग्निः	पृथ्वी	जल	आकाशः
अ	इ	उ	ऋ	ऌ
आ	ई	ऊ	ॠ	ॡ
ए	ऐ	ओ	औ	अं
क	ख	ग	घ	ङ
च	छ	ज	झ	ञ
ट	ठ	ड	ढ	ण
त	थ	द	ध	न
प	फ	ब	भ	म
य	र	ल	व	श
ष	क्ष	ळ	स	ह

पार्थिवे वारुणं मित्रं तैजसं शत्रुरुच्यते॥ **इति।**

(रु. या. ३.३५-३८)

अथोदाहरणम्। यथा – जीवनाथः। एतस्याद्याक्षरं जकारः। स च पार्थिवः। मन्त्रस्तु – ॐ नमः शिवायेति। अस्य प्रथमाक्षरमोकारः। अयमपि पार्थिवः। अत्र द्वयोरेकभूतत्वादुत्तमोऽयं मन्त्रः शुभफलद इति। यदि आं ह्रीं क्रोमिति मन्त्रः, तर्हि एतस्य वायुत्वं जकारस्य भूतत्वस्य रिपुः। अतोऽयं मन्त्रो न शुभ इति। मारुतः पार्थिवानां रिपुरित्युक्ते॥

॥ अथ राशिचक्रम् ॥

आगमकल्पद्रुमे –

सूत्रद्वयं पूर्वपरायतञ्च
तन्मध्यतो याम्यकुबेरभेदात्।
एैकैकमीशाननिशाकरे तु
हुताशवाय्व्योर्विलिखेत्ततोऽर्णान्॥
वेदा[४]ऽग्नि[३]वह्नि[३]युगल[२]श्रवणा[२]ऽक्षि[२]संख्यान्[१]

पञ्चे[५]षु[५]बाण[५]शर[५]पञ्च[५]चतुष्टया[४]ऽर्णान् ।

मेषादितस्तु गणयेत्सकलांस्तु वर्णान्

कन्यागतान् प्रविलिखेदथ शाद्यवर्णान् ॥ **इति ।**

अ आ इ ई मेषे। उ ऊ ऋ वृषे। ॠ लृ ॡ मिथुने। ए ऐ कर्के। ओ औ सिंहे। अं अः शषसहळक्षाः कन्यायाम्। कवर्गस्तुलायाम्। चवर्गो वृश्चिके। टवर्गो धनुषि। तवर्गो मकरे। पवर्गः कुम्भे। यवर्गो मीने। एवं ज्ञेयम्।

स्वराशेर्मन्त्रराश्यन्ते गणनीयं विचक्षणैः ।

राशीनां शुद्धता ज्ञेया त्यजेच्छत्रु[६]मृती[८] व्ययम् ॥

(रु.या. ३.६६)

*यदा स्वराशेरज्ञानं तदा साधकः प्रसिद्धस्वनामाद्यक्षरसम्बन्धिनं राशिं गृहीत्वा गणयेत्। **"साध्याद्यक्षरराश्यन्तं गणयेत्साधकाक्षरात्"** (रु.या. ३.६७) इति।*

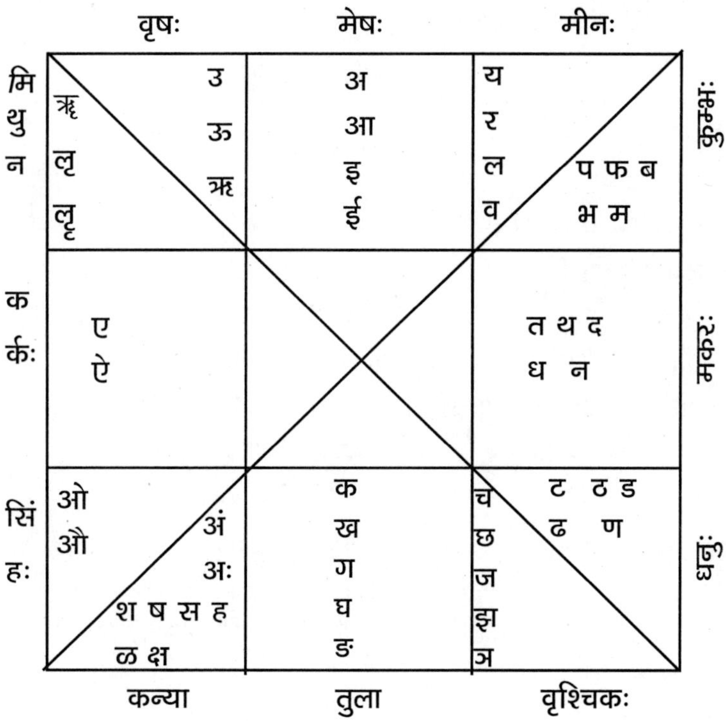

एक[१]पञ्च[५]नव[९]बान्धवाः स्मृता
द्वौ[२] च षट्[६] च दशम[१०]श्च सेवकाः।
वह्नि[३]रुद्र[११]मुनय[७]श्च पोषका
द्वादशा[१२]ऽष्ट[८]चतुरस्तु घातका॥

– इति विष्णुविषयम्। शक्त्यादौ तु षष्ठमष्टमं द्वादशं त्यजेत्।

तथा च **तन्त्रराजे** –

तेन मन्त्राद्यवर्णेन नाम्नश्चाद्याक्षरेण च।
गणयेद्यदि षष्ठं वाऽप्यष्टमं द्वादशं तु वा॥
रिपोर्मन्त्राद्यवर्णं स्यात्तेन तस्याहितं भवेत्। **इति।**

(तं.रा.१.४२-४३)

अस्योदाहरणम् – जीवनाथस्य प्रथमाक्षर वृश्चिकराशावस्ति, तेन साधकस्य वृश्चिकराशिः। मन्त्राद्यक्षरमोमिति तस्य सिंहराशिः। अत्र साधकराशेर्दशमराशौ मन्त्रराशिरतोऽयं शुभफलद इति। एवमन्यत्रापि।

॥ अथ नक्षत्रचक्रम् ॥

*एतदुक्तं **मन्त्रमहोदधौ**। तद्यथा –*

उत्तराद्दक्षिणाग्रास्तु रेखास्तु चतुरः क्रमात्।
दशरेखाः पश्चिमाग्राः कर्तव्याः साधकोत्तमैः॥
नेत्र[२]भू[१]गुण[३]वेद[४]क्ष्मा[१]धरा[१]नयन[२]भू[१]भुजाः[२] ॥
द्वि[२]चन्द्र[१]भुज[२]बाह्व[२]क्षि[२]भू[१]नेत्र[२]त्रि[३]धरा[१]गुणाः[३]।
एकै[१]कं[१]भू[१]भुजे[२]द्व्य[१]क्षि[२]राम[३]चन्द्रान्[१]उडुष्वथ ॥
अश्विन्यादिषु विज्ञेया आदिवर्णाः क्रमाद्बुधैः।
क्षान्ताबिन्दुविसर्गौ तु रेवत्यंशे व्यवस्थितौ॥ **इति।**

(२४.२८-३०)

यदा मन्त्राद्यक्षरम् अ वा आ, तदा तस्य भमश्विनी। इकाराक्षरञ्चेद् भरणी। ई उ ऊ चेत्कृत्तिका। एवमग्रेपि। एवं प्रथमाक्षरवशान्नक्षत्रं नक्षत्रात्ताराज्ञानम्, गणज्ञानञ्च। तथैव साधकस्यापि प्रथमाक्षरवशान्नक्षत्रं नक्षत्रात्तारागणज्ञानं कुर्यात्।

अ आ	इ	ई उ ऊ	ऋ ॠ ऌ ॡ	ए	ऐ	ओ औ	क	ख ग
अश्विनी	भरणी	कृत्तिका	रोहिणी	मृगः	आर्द्रा	पुनर्वसुः	पुष्यः	आश्लेषा
देवगणः	नरः	राक्षसः	नरः	देव	नरः	देव	देव	राक्षसः
घ ङ	च	छ ज	झ ञ	ट ठ	ड	ढ ण	त थ द	ध
मघा	पू०फा	उ०फा	हस्त	चित्रा	स्वाती	विशाखा	अनुराधा	ज्येष्ठा
राक्षसः	नरः	नरः	देवः	राक्षसः	देवः	राक्षसः	देवः	राक्षसः
न प फ	ब	भ	म	य र	ल	व श ष	स ह	क्ष अं अः
मूलम्	पू०षाढा	उ०षाढा	श्रवणः	धनिष्ठा	शतभिषा	पू०भाद्र०	उ०भाद्र०	रेवती
राक्षसः	नरः	नरः	देव	राक्षसः	राक्षसः	नरः	नरः	देवगणः

अत्रोदाहरणम् – ॐ नमः शिवायेति मन्त्रः। अस्याद्यक्षरमोमिति। ओंकारस्य पुनर्वसुनक्षत्रं देवगणः। साधकतारा सिंहराशिरिति। जीवनाथ इति साधकः। तस्याद्यक्षरवशादुत्तराफाल्गुनीनक्षत्रं गणो नरः। तारा-प्रत्यरिः वृश्चिकराशिरिति।

अथ नक्षत्रात्ताराज्ञानमाह –

जन्मसंपद्विपत्क्षेमप्रत्यरिः साधको वधः।
मैत्रं परममैत्रञ्च गणनीयं स्वनामभात्॥
विपद्वधः प्रत्यरिश्च त्यजेदन्यदुडूत्तम्। **इति।**

(म. म. २४.३१-३२)

अत्र साधकस्य उत्तराफाल्गुनीनक्षत्रं तस्मान्मन्त्रनक्षत्रं पुनर्वसुनक्षत्र-पर्यन्तं संख्या २३, नवभिः ९, शेषिता ५, तस्मात्प्रत्यरितारेति। तस्माद् दुष्टा तारा ज्ञेया।

अथ गणविचारः–

पूर्वोत्तरात्रयं चैव भरण्यार्द्रा च रोहिणी।
इमानि मानुषान्याहुर्नक्षत्राणि मुनीश्वराः॥
ज्येष्ठाशतभिषामूलधनिष्ठाऽऽश्लेषकृत्तिकाः ।
चित्रा मघा विशाखा च एता राक्षसदेवताः॥
अश्विनी रेवती पुष्यः स्वाती हस्तः पुनर्वसुः।
अनुराधा मृगश्चैव श्रवणो देवतारका॥ इति।
स्वजातौ परमा प्रीतिर्मध्यमा भिन्नजातिषु।
रक्षोमानुषयोर्नाशो वैरं दानवदेवयोः॥ इति।
(रु. या. ३.५५)

अत्र नरदेवगणयोर्मध्यमाप्रीतिरिति वचनान्मध्यमत्वं मन्त्रस्येति॥

॥ अथ अकथहचक्रम् ॥

तदुक्तं मन्त्रमहोदधौ –

साधकस्य तु नामादिवर्णमारभ्य शोधयेत्॥
मन्त्राद्यक्षरपर्यन्तं चक्रे सिद्धादिके क्रमात्।
जन्मर्क्षोत्थं प्रसिद्धं वा नामग्राह्यं प्रशोधयेत्॥
उर्द्धगाः पञ्चरेखाः स्युः पञ्चतिर्यग्गताः पुनः।
कोष्ठानि तत्र जायन्ते षोडशैवात्र संलिखेत्॥
भू[१]राम[३]शिव[११]नन्दा[९]ऽक्षि[२]वेदा[४]ऽर्क[१२]दिग्[१०]रसा[६]ष्टभिः[८]।
कला[१६]मनु[१४]शरै[५]रद्रि[७]तिथि[१५]विश्वै[१३]र्मितेषु च॥
कोष्ठेषु मातृकावर्णास्तत्र नामादितः क्रमात्।
सिद्धः साध्यः सुसिद्धोऽरिर्ज्ञेयो मन्वक्षरावधि॥
यस्मिन् चतुष्के नामार्णः ततः सिद्धचतुष्टयम्।
प्रादक्षिण्यात्तद् द्वितीयं साध्याख्यं तत्तृतीयकम्॥
सुसिद्धाख्यं चतुर्थं तु सपत्नाख्यं स्मृतं बुधैः।
एककोष्ठे द्वयोर्वर्णः सिद्धसिद्धः प्रकीर्तितः॥
तद्द्वितीये मन्त्रवर्णे सिद्धसाध्य उदाहृतः।
तृतीये सिद्धसुसिद्धः सिद्धारिः स्याच्चतुर्थके॥

नामार्णयुक्चतुःकोष्ठान्मन्वर्णश्चेद् द्वितीयके।
चतुष्के तत्र पूर्वं तु यत्र नामाक्षरं स्थितम्॥
तत्र तत्कोष्ठमारभ्य गणयेत्पूर्ववत्क्रमात्।
साध्यसिद्धः साध्यसाध्यः तत्सुसिद्धश्च तद्रिपुः॥
एवं ज्ञेयस्तृतीये चेच्चतुष्के मन्त्रवर्णकः।
तदा पूर्वोक्तया रीत्या क्रमाज्ज्ञेया विचक्षणैः॥
सुसिद्धसिद्धः तत्साध्यः तत्सुसिद्धश्च तद्रिपुः।
चतुर्थे तु चतुष्के स्यादरिसिद्धारिसाध्यकः॥
तत्सुसिद्धोऽर्यरिः पश्चादेवं मन्त्रं विचारयेत्।
सिद्धसिद्धो यथोक्तेन द्विगुणात्सिद्धसाध्यकः॥
सिद्धसुसिद्धोऽर्द्धजपात् सिद्धारिर्हन्ति बान्धवान्।
साध्यसिद्धो द्विघ्नजपात् साध्यसाध्यो निरर्थकः॥
द्विघ्नजपात्तत्सुसिद्धः साध्यारिर्हन्ति गोत्रजान्।
सुसिद्धसिद्धोऽर्द्धजपात् तत्साध्यो द्विगुणाज्जपात्॥
तत्सुसिद्धो ग्रहादेव सुसिद्धारिः कुटुम्बहा।
अरिसिद्धः सुतं हन्यादरिसाध्यस्तु कन्यकाम्॥
तत्सुसिद्धश्च पत्नीघ्नः तदरिः साधकापहः।
(२४.१-१७)

अन्यत्रापि –

सिद्धः सिद्ध्यति कालेन साध्यस्तु जपहोमतः।
सुसिद्धो ग्रहणादेव रिपुर्मूलं निकृन्तति॥

अथादौ चतुरस्रं विधाय तत्र षोडशकोष्ठेषु, भू १ राम ३ शिव ११ नन्दा ९ ऽक्षि २ वेदा ४ ऽर्क १२ दश १० षड् ६ अष्ट ८ षोडश १६ चतुर्दश १४ पञ्च ५ सप्त ७ पञ्चदश १५ त्रयोदश १३ प्रमितेषु कोष्ठेषु क्रमादकारादिवर्णान् पुनः पुनः संविलिख्य, कोष्ठचतुष्कं सिद्धसाध्यादि विचिन्त्य, पुनश्चतुष्के सिद्धादिगणना कार्या।

अयमर्थः – यस्मिंश्चतुष्के नामादिवर्णः स्यात् तच्चतुष्कमारभ्य प्रादक्षिण्येन सिद्धसाध्यसुसिद्धारीन् गणयेत्। अत्र स्वनामाद्यक्षरमारभ्य मन्त्रादिमाक्षरं यावत् चतुर्भिश्चतुर्भिः कोष्ठकैः सिद्धः साध्यः सुसिद्ध अरिश्च ज्ञेयः।

तदुक्तं विश्वसारे –

इन्द्व[१]ग्नि[३]रुद्र[११]नव[९]नेत्र[२]युगा[४]ऽर्क[१२]दिक्षु[१०]
ऋत्व[६]ष्ट[८]षोडश[१६]चतुर्दश[१४]भौत्तिकेषु[५]।
पाताल[७]पञ्चदश[१५]विश्व[३]मिते हि कोष्ठे
वर्णान् लिखेल्लिपिभवान् क्रमशस्तु धीमान्॥
नामाद्यक्षरमारभ्य यावन्मन्त्रादिमाक्षरम्।
चतुर्भिः कोष्ठैरेकैकमिति कोष्ठचतुष्टयम्॥
पुनः कोष्ठगकोष्ठेषु सव्यतो नाम्न आदितः। **इति।**

(रु. या. ५.८-९)

अ क थ ह १	उ ङ प २	आ ख द ३	ऊ च फ ४
ओ ड व ५	ऌ झ म ६	औ ढ श ७	ॡ ञ य ८
ई घ न ९	ॠ ज भ १०	इ ग ध ११	ऋ छ ब १२
अः त स १३	ऐ ठ ल १४	अं ण ष १५	ए ट र १६

अत्रोदाहरणं यथा – जीवनाथ इति साधकः। ॐ नमः शिवाय इति मन्त्रः। अत्र चतुर्थचतुष्के साधकनामाद्यक्षरमस्ति। तदेव सिद्धाख्यं प्रथमम्। तस्माद् द्वितीयचतुष्के मन्त्राद्यक्षरमस्ति। तस्मात्साध्याख्यो मन्त्र इति।

यत्र नामाद्यवर्णस्थचतुष्के मन्त्रादिमवर्णश्चेत्सिद्धः। तद्द्वितीये मन्त्रवर्णः साध्यः। तत्तृतीये सुसिद्धः। तत्तुरीये त्वरिमन्त्रः। यथा – जकाराक्षरसाधकस्य ऐमिति मन्त्रः सिद्धः, ह्रीमिति मन्त्रः साध्यः, आमिति मन्त्रः सुसिद्धः, गमिति मन्त्रोऽरिमन्त्र इति। अथ यदि एककोष्ठे साध्यसाधकयोर्वर्णस्तदा सिद्धसिद्धः। तस्माद् द्वितीयकोष्ठे मन्त्रवर्णश्चेत्

सिद्धसाध्यः। तस्मात्तृतीये सिद्धसुसिद्धः। तस्माच्चतुर्थे मन्त्रवर्णस्तदा सिद्धारिः। अथ यदि नामाद्यक्षरयुक्तचतुष्कोष्ठान्मन्त्राद्यर्णः द्वितीयचतुष्के भवति, तदा पूर्वचतुष्के यत्र कोष्ठे नामाद्यक्षरं वर्तते। तत्र तत्कोष्ठमारभ्य पूर्ववद् गणयेदिति। प्रथमे साध्यसिद्धः। द्वितीये साध्यसाध्यः। तृतीयकोष्ठे साध्यसुसिद्धः। चतुर्थे साध्यारिः। अथैवं तृतीयचतुष्के मन्त्रवर्णश्चेत्पूर्वरीत्या प्रथमे सुसिद्धसिद्धः, द्वितीये सुसिद्धसाध्यः, तृतीये सुसिद्धसुसिद्धः, चतुर्थे सुसिद्धारिः। एवं चतुर्थचतुष्के अरिसिद्धः, अरिसाध्यः, अरिसुसिद्धः, चतुर्थे अर्यरिः। एवं गणने कृते षोडशभेदा भवन्ति। यथा – सिद्धसिद्धः १ सिद्धसाध्यः २ सिद्धसुसिद्धः ३ सिद्धारिः ४ साध्यसिद्धः ५ साध्यसाध्यः ६ साध्यसुसिद्धः ७ साध्यारिः ८ सुसिद्धसिद्धः ९ सुसिद्धसाध्यः १० सुसिद्धसुसिद्धः ११ सुसिद्धारिः १२ अरिसिद्धः १३ अरिसाध्यः १४ अरिसुसिद्धः १५ अर्यरिः १६ इति।

अत्रोदाहरणं यथा – नामार्णयुक्तचतुष्कोष्ठात् द्वितीयचतुष्के तृतीयकोष्ठे मन्त्राद्यक्षरमस्ति। तस्मात्साध्यसुसिद्धोऽयं मन्त्रः। जकारस्य ऐमिति मन्त्रः सिद्धसाध्यः। ह्रीमिति मन्त्रः साध्यारिः। आमिति मन्त्रः सुसिद्धारिः। शमितिमन्त्रः सुसिद्धसुसिद्धः। गमितिमन्त्रः अर्यरिः। एवमन्यत्।

अथ प्रकारान्तरेण सिद्धादिशोधनमाह –

नाम्नो मन्त्रस्य वर्णांश्च लिखित्वा प्रतिवर्णकम्।
सिद्धादिगणना कार्या यावन्मन्त्रसमापनम्॥
नाम्नो यदि समाप्तिः स्यात्पुनर्नाम लिखेत्सुधीः।
एवं संशोधितेषु स्युर्भूरयः साध्यवैरिणः॥
अल्पाः सिद्धसुसिद्धाश्चेदशुभं व्युत्क्रमाच्छुभम्।
मतमित्थं तु केषाञ्चित् तदपि प्राज्ञसम्मतम्॥
(म. म. २४.१७-२०)

नाम्न इति। व्युत्क्रमात् सिद्धसाध्यसुसिद्धानां बहुत्वे साध्यारीणामल्पत्वे शुभमिति।

॥ अथ अकडमचक्रम् ॥

अथ प्रकारान्तरेण सिद्धादिशोधनं मन्त्रमहोदधौ –

द्वादशारे लिखेच्चक्रे वर्णान् पूर्वोदितान् क्रमात् ।
ईशानान्तमकाराद्यान् हान्तान् षण्ढविवर्जितान् ॥
तत्र नामार्णमारभ्य मन्त्राद्यर्णावधि क्रमात् ।
गणयेत्सिद्धसाध्यादि फलं तेषां तु पूर्ववत् ॥
सिद्धौ नवै[९]क[१]बाणेषु[५] साध्यो रस[६]दिग[१०]क्षिषु[२] ।
सुसिद्धः त्रि[३]मुनी[७]शेषु[११] रिपुर्वेदा[४]ष्ट[८]भानुषु[१२] ॥
(२४.२१-२२, २४)

– इत्यकडमचक्रं तु गोपालविषयम् ।

मीन अः ठ भ कुम्भ अं ट ब	मेष अ क ड म	वृष आ ख ढ य मिथुन इ ग ण र
कर्क औ ञ फ क्ष	अ क ड म चक्रम्	मकर ई घ त ल
धनु ओ झ प ह वृश्चिक ऐ ज न स	तुला ए छ ध ष	सिंह उ ङ थ व कन्या ऊ च द श

तदुक्तं वाराहीये–

ताराशुद्धिर्वैष्णवानां कोष्ठशुद्धिः शिवस्य च ।
राशिशुद्धिस्त्रैपुरे च गोपालेऽकडमः स्मृतः ॥ इति ।

अथ प्रकारान्तरेण सिद्धादिशोधनमाह –

चतुष्कोष्ठेषु विलिखेदादीन् वर्णान् पुनः पुनः।
नामार्णात्सिद्धसाध्यादि ज्ञेयं मन्वक्षरावधि॥
(म.म. २४.२५-२६)

अ उ लृ ओ क ङ झ ड थ प म व ह	आ ऊ ॡ औ ख च ञ ढ द फ य श ळ
ई ॠ ऐ अः घ ज ठ त न भ ल स ज्ञ	इ ऋ ए अं ग छ ट ण ध ब र ष क्ष

अथ प्रकारान्तरेण सिद्धादिशोधनम् –

नाम्नो मन्त्रस्य वर्णौघं चतुर्भिर्विभजेत्सुधीः।
एकादिशेषे सिद्धादि जानीयात्पूर्ववत्फलम्॥
(म.म. २४.२७)

॥ अथ ऋणधनशोधनचक्रम् ॥

तदुक्तं मन्त्रमहोदधौ –

अथर्णधनसंशुद्धिः कथ्यते सिद्धिदायिनी।।
सप्ततिर्यग्लिखेद्रेखा द्वादशैवोर्ध्वगाः पुनः।
एवं कृते तु जायन्ते कोष्ठाः षट्षष्टिसंमिताः॥
आद्यपङ्क्तौ लिखेदङ्कास्ते कथ्यन्ते यथाक्रमम्।
मनु[१४]नक्षत्र[२७]नेत्रा[२]ऽर्क[१२]तिथि[१५]षड्[६]वेद[४]वह्नयः[३]॥
अष्टका[८] वसवो[८] नन्दाः[९] कोष्ठेषु क्रमतः स्थिताः।
द्वितीयपङ्क्तौ संलेख्याः पञ्चदीर्घोज्झिताः स्वराः॥
तृतीयपङ्क्तौ काद्यर्णान् टकारान्तान् क्रमाल्लिखेत्।
ठादिफान्ताश्चतुर्थ्यां तु पञ्चम्यां बादिहान्तिमाः॥
षष्ठ्यां पङ्क्तौ क्रमाल्लेख्या अङ्काः कथ्यन्त एव ते।
दिक्[१०]चन्द्र[१]मुनि[७]वेदा[४]ष्ट[८]गुण[३]सप्ते[७]षु[५] सागराः[४]॥

अष्टभक्तशेषाङ्काः	६	६	६	०	३	४	४	०	०	०	३
गुणिताङ्काः	१४	५४	६	४८	७५	३६	२८	२४	७२	८०	९९
मन्त्राङ्काः	१४	२७	२	१२	१५	६	४	३	८	८	९
	अ	इ	उ	ऋ	लृ	ए	ऐ	ओ	औ	अं	अः
	क	ख	ग	घ	ङ	च	छ	ज	झ	ञ	ट
	ठ	ड	ढ	ण	त	थ	द	ध	न	प	फ
	ब	भ	म	य	र	ल	व	श	ष	स	ह
अष्टतष्टाः	२	२	५	०	०	२	१	०	४	४	१
साधकाङ्काः	१०	१	७	४	८	३	७	५	४	६	३
तद्गुणिताङ्काः	१०	२	२१	१६	४०	१८	४९	४०	३६	६०	३३

रसा[६]श्च राम[३]संख्या तु साधकाङ्काः प्रकीर्त्तिताः।
मन्त्रवर्णान् पृथक् कुर्यात् स्वरव्यञ्जनरूपतः॥
कोष्ठे यावतिवर्णः स्याद् गुणयेत् तावदङ्ककम्।
कोष्ठोपरिस्थेनाङ्केन सर्ववर्णेष्वयं विधिः॥
दीर्घाक्षराणामङ्कास्तु ज्ञेया लघ्वक्षरस्थिताः।

एकीकृत्याखिलानङ्कानष्टभिर्विभजेत्पुनः॥
शेषोऽङ्को मन्त्रराशिः स्यान्नामवर्णेष्वयं विधिः।
अधःपङ्क्तिस्थितैरङ्कैर्गुणनीयास्तु तेऽखिलाः॥
अधमर्णोऽधिको राशिरूनोराशिर्धनीस्मृतः।
मन्त्रो यदाधमर्णः स्यात्तदा ग्राह्यो धनी न तु॥
(२४.३२-४२)

अथैषां समुदायार्थाः। कोष्ठे यावतीति। अत्र धनर्णचक्रे यावतिकोष्ठे मन्त्रवर्णः, तमङ्कमुपर्यङ्केन गुणयेत्। यथा प्रथमकोष्ठाङ्क एक एव। अकारोपरिस्थिताङ्कैश्चतुर्दशभिर्गुणितश्चतुर्दश एव। एवमाकारस्यापि। अकारा कोष्ठाधःस्थितानां ककारठकारबकाराणाञ्च कोष्ठाङ्क एक एव। तदुपर्यङ्केन १४गुणितः चतुर्दश एव। एवं द्वितीयकोष्ठे इकार ईकारश्च। तत्कोष्ठप्रमाणं २, तदुपरि स्थिताङ्कैः सप्तविंशतिभिर्गुणितं चतुष्पञ्चाशत्। पुनरिकाराधःस्थितानां खकारडकारभकाराणामपि कोष्ठाङ्कप्रमाणं २, तदुपर्यङ्केन२७गुणितं चतुः–पञ्चाशदेव। एवमुकारस्तृतीयकोष्ठस्थः तत्कोष्ठाङ्कास्त्रयः ३ उपर्यङ्केन २ गुणिताः षट्। एवमुकाराधःस्थितानां गकारढकारमकाराणामपि कोष्ठाङ्कास्त्रयः ३, उपर्यङ्कैर्गुणिता षडेव ६। एवमग्रेऽपि। ततः साध्यवर्णानपि साध्यो मन्त्रः। तस्य वर्णान् स्वरव्यञ्जनरूपतः पृथक् पृथक्। स्वस्वकोष्ठोपरि स्थिताङ्केन संगुण्य तानेकीकृत्याष्टभक्तशेषः। साध्यराशिर्मन्त्रराशिरित्यर्थः। एवं साधकाङ्कानपि स्वाङ्केन गुणितानेकीकृत्याष्टभक्तशेषः। साधकराशिरिति। अत्र मन्त्रराशिरधिकश्चेद् ग्राह्यः।

अन्यत्रापि –

मन्त्रो यद्यधिकाङ्कः स्यात्तदा मन्त्रं जपेत्सुधीः।
समेऽपि च जपेन्मन्त्रं न जपेत्तु ऋणाधिके।
शून्ये मृत्युं विजानीयात् तस्माच्छून्यं विवर्जयेत्॥ इत्युक्तेः।
(रु. या. ४.९६-९७)

अत्रोदाहरणम् – ॐ नमः शिवायेति मन्त्रः। अत्र प्रणवे अ उ म् इति त्र्यक्षरः प्रणव इत्युक्तेः। तत्राकारस्य पूर्वरीत्या १४ उकारस्य ६ मकारस्य ६। ततो नकारस्य ७२, अकारस्य १४। ततो मः इत्यस्य मकारस्य ६ अकारस्य १४ विसर्गस्य ९९। ततः शीत्यस्य। अत्र शकारस्य २४, इकारस्य

५४। ततो वकारस्य २८, अकारस्य १४। ततो यकारस्य ४८, अकारस्य १४। एतेषां योगः ४१३। अष्टभक्तशेषाङ्कः मन्त्रराशिरयम्। एवं साधकः जीवनाथ इति। अस्य स्वरव्यञ्जनरूपतः व्यञ्जनसंख्या ४०। ४९। ३६। १८, स्वरसंख्या २। १०। १०। ४३, सर्वयोगो २०८ ऽष्टभक्तशेषाङ्कः साधकराशिरयम्। अत्र साधकराशिरधमर्णयाद्धनी ज्ञेयः। तस्मादग्राह्य एव।

ओं	नमः	शिवाय
अ उ म्	*न् अ म् अ* विसर्गः	*श् इ व् आ य् अ*

अत्र शून्यशेषे राशि संख्या १४ द्विगुणा २८ साधकाक्षरमात्राभि ९ र्युता २७ अष्टभिः शेषिता ५। एवं साधकस्य जीवनाथस्य संख्या ९ द्विगुणा १८, कन्त्राक्षराः इ अ आ अः मात्रासंख्याभि १४ र्युता ३२ अष्टभिः शेषिता ० हरतुल्यं शेषमहरष्तुल्य एवाङ्को ज्ञेय इत्यलम्।

अथ प्रकारान्तरेण धनर्णमाह –

नामाद्यक्षरमारभ्य यावन्मन्त्रादिमाक्षरम्॥
गणयेन्मातृकाद्यर्णं क्रमेण गुणयेत् त्रिभिः।
विभक्ते सप्तभिः शिष्टो नामराशिरुदाहृतः॥
एवं मन्त्रार्णमारभ्य यावन्नामादिमाक्षरम्।
गणयित्वा त्रिभिर्हत्वा विभजेत् सप्तभिः सुधीः॥
मन्त्रराशिः स्मृतः शिष्टः पूर्ववद्धनितर्णिता। इति॥

(म.म. २४.४३-४६)

उदाहरणम् –

अत्र जकारमारभ्य ओमित्यन्तं संख्या ३७, त्रिगुणा १११, सप्ततष्टाशेषम् ६। एवं मन्त्रादिमाक्षरमोमिति। तेन ओकारात्साध्याद्यक्षर-जकारपर्यन्तं संख्या १२, त्रिगुणा ३६, सप्ततष्टाशेषम् १। अत्रापि मन्त्रराशेरल्पत्वाद्धनित्वमिति॥

अथ प्रकारान्तरमाह –

यद्वा मन्त्राक्षराणीह स्वरव्यञ्जनरूपतः॥
पृथक्कृत्य द्विगुणयेद् योजयेत् साधकाक्षरैः।
तादृशैरष्टभिर्भक्तैर्मन्त्रराशिरुदाहृतः॥

एवं नामार्णसङ्घोऽपि द्विगुणीकृत्य योजितः।
मन्त्रवर्णैरष्टभक्तो नामराशिः स्मृतो बुधैः॥
ऋणिता धनिता चात्र पूर्ववत्परिकीर्त्तिता। इति।
(म.म. २४.४६-४९)

उक्तान्यतममार्गेण शोधनीयमृणं धनम्॥ **इति**।
(म.म. २४.४९)

यो मन्त्रः पूर्वजनुषि सेवितो नाददात्फलम्।
पश्चात्पापक्षये जाते फलावाप्तिरनेहसि॥
आयुःक्षयाद् गतो नाशं साधकस्य भवान्तरे।
ऋणित्वात्प्राप्तिमात्रेण मन्त्रोऽभीष्टं प्रयच्छति॥
समाङ्कौ यद्युभौ राशी तदा संसेवनात्फलम्।
धनीमन्त्रस्तु सम्प्राप्तः फलत्यधिकसेवया॥
(म.म. २४.५०-५२)

मन्त्राणां शोधने भूयः प्रकारान्तरमुच्यते।
षट्कोणे विलिखेत्पूर्वकोणाद्यैकैकवर्णकान्॥
अकारादिहकारान्तान् नपुंसकविवर्जितान्।
नामाद्यक्षरमारभ्य मन्त्रार्णावधि शोधयेत्॥
प्रथमे सम्पदां प्राप्तिर्द्वितीये धनसंक्षयः।
तृतीये धनसम्प्राप्तिश्चतुर्थे बन्धुविग्रहः॥
पञ्चमे तु भवेद् व्याधिः षष्ठे सर्वस्य संक्षयः।
एवं संशोधितं मन्त्रं दद्याच्छिष्याय मान्त्रिकः। **इति**॥
(म.म. २४.५३-५६)

॥ अथारिमन्त्रत्यागप्रकारः ॥

अरिमन्त्रो गृहीतश्चेदज्ञानवशतस्तदा।
तस्य त्यागः प्रकर्त्तव्यस्तत्प्रकारोऽधुनोच्यते॥
सुदिने स्थापयेत् कुम्भं सर्वतोभद्रमण्डले।
विलोमं संजपन्मन्त्रं पूरयेत्तं सुपाथसा॥

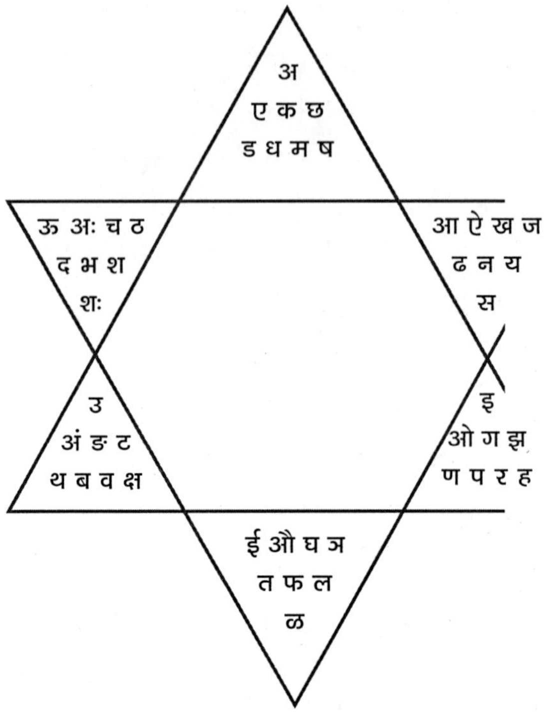

तत्र देवं समावाह्य यजेदावरणादिकम्।
तदग्रे स्थण्डिलं कृत्वा प्रतिष्ठाप्यानलं ततः॥
जुहुयान्मूलमन्त्रेण विलोमेन शतं घृतैः।
दिक्पतिभ्यो बलिं दद्यात् पायसान्नैर्घृतान्वितैः॥
पुनः सम्पूज्य देवेशं प्रार्थयेन्मनुनामुना।
"आनुकूल्यमनालोच्य मया तरलबुद्धिना॥
यदुपास्तं पूजितं च प्रभो मन्त्रस्वरूपकम्।
तेन मे मनसः क्षोभमशेषं विनिवर्तय॥
पापं प्रतिहतं चास्तु भूयाच्छ्रेयः सनातनम्।
तनोतु मम कल्याणं पावनी भक्तिरस्तु मे॥"
एवं संप्रार्थ्य देवेशं कर्पूरागरुचन्दनैः।
विलोमं विलिखेन्मन्त्रं तालपत्रे तदर्चयेत्॥

प्रबद्ध्य निजमस्ते तत्स्नायात् कुम्भस्थितैर्जलैः।
पुनः सम्पूर्य तं तोयैस्तत्रास्ये मन्त्रपत्रकम्॥
सम्पूज्य कुम्भं नद्यां वै तडागे वा विनिक्षिपेत्।
विप्रान् संभोज्य मुच्येत पीडयासौ मनूत्थया॥
अनेकधा शोधनेचेच्छुद्धिं न प्राप्यते मनुः।
मायां कामं श्रियं चादौ दद्यात् तद्दोषमुक्तये॥
यद्वा दुष्टो मनुर्जप्तः सिध्येत् प्रणवसंपुटः।
यद्वा क्रमोत्क्रमगया प्रजप्तो वर्णमालया॥
यत्र यस्य भवेद् भक्तिर्विशेषः समनूत्तमः।
वैरिकोष्ठमपि प्राप्तोऽभीष्टदस्तस्य जायते॥
(म. म. २४.६२-७४)

॥ इति षट्चक्रशोधनप्रकरणम् ॥

॥ अथ दीक्षाकालव्यवस्था ॥

मन्त्रारम्भस्तु चैत्रे स्यात् समस्तपुरुषार्थदः।
वैशाखे रत्नलाभः स्याज्ज्येष्ठे तु मरणं भवेत्॥
आषाढे बन्धुनाशः स्याच्छ्रावणे वित्तवर्द्धनम्।
भाद्रे प्रजाविनाशः स्यादाश्विने रत्नसञ्चयः॥
कार्त्तिके मन्त्रसिद्धिः स्यात् मार्गशीर्षे तथा भवेत्।
पौषे तु शत्रुपीड़ा स्यात् माघे मेधाविवर्द्धनम्।
फाल्गुने सर्वकामाः स्युर्मलमासं विवर्जयेत्॥

*चैत्रे तु दीक्षाफलं गोपालविषयं गौतम्युक्तत्वात्। **"मधुमासे भवेद्दीक्षा दुःखाय"** इति वचनान्नान्यत्र। आषाढनिषेधोऽपि श्रीविद्यातिरिक्तविषये। "ज्येष्ठे मृत्युप्रदा चैव आषाढे धनसम्पदा" इति योगिनीहृदयात्।*

॥ अथ वारनियमः ॥

रविवारे भवेद्वित्तं सोमे शान्तिः प्रकीर्त्तिता।
आयुरङ्गारके हन्ति तत्र दीक्षां विवर्जयेत्॥

बुधे सौन्दर्यमाप्नोति ज्ञानं स्याच्चु बृहस्पतौ।
शुक्रे सौभाग्यमाप्नोति यशोहानिः शनैश्चरे॥

विशेषो गारुडतन्त्रे –

गुरुवारे सुखं विद्याच्छक्तौ चार्कः प्रशस्यते।
शिवे च गुरुवारः स्यात्सौरे चान्द्रः प्रशस्यते।
अफला बुधवारे तु दीक्षा ज्ञानविनाशिनी॥

॥ अथ तिथिनियमः ॥

प्रतिपदि कृता दीक्षा ज्ञाननाशकरी मता।
प्रतिपत्तिर्द्वितीयायां तृतीयायां शुचिर्भवेत्॥
चतुर्थ्यां वित्तनाशः स्यात् पञ्चम्यां वित्तवर्द्धनम्।
षष्ठ्यां ज्ञानक्षयं प्रोक्तं सौख्यं स्यात्सप्तमीतिथौ॥
अष्टम्यां बुद्धिनाशः स्यान्नवम्यां वपुषः क्षयः।
दशम्यां राजसौभाग्यमेकादश्यां शुचिर्भवेत्॥
द्वादश्यां सर्वसिद्धिः स्यात् त्रयोदश्यां दरिद्रता।
तिर्यग्योनिश्चतुर्दश्यां हानिर्मासावसानके॥
पक्षान्ते धर्मवृद्धिः स्यादस्वाध्यायं विवर्जयेत्।
सन्ध्यागर्जितनिर्घोषभूकम्पोल्कानिपातनम् ॥
एतानन्यांश्च दिवसान् श्रुत्युक्तान् परिवर्जयेत्।
द्वादश्यामपि कर्त्तव्यं त्रयोदश्यामथापि वा॥

यत्र त्रयोदशीविधानं तद्विष्णुविषयं रामार्चनचन्द्रिकाधृतत्वात्। ''त्रयोदशी च दशमी प्रशस्ता सर्वकामदा'' इति सनत्कुमारवचनात्।

॥ अथ नक्षत्रनिर्णयः ॥

अश्विन्यां सुखमाप्नोति भरण्यां मरणं ध्रुवम्।
कृत्तिकायां भवेद् दुःखी रोहिण्यां वाक्पतिर्भवेत्॥
मृगशीर्षे सुखावाप्तिरार्द्रायां बन्धुनाशनम्।
पुनर्वसौ धनाप्तिः स्यात् पुष्ये शत्रुविनाशनम्॥

आश्लेषायां भवेन्मृत्युर्मघायां दुःखमोचनम्।
सौन्दर्यं पूर्वाफाल्गुन्यां प्राप्नोत्यत्र न संशयः॥
ज्ञानं चोत्तरफाल्गुन्यां हस्ते चैव धनीभवेत्।
चित्रायां ज्ञानसिद्धिः स्यात् स्वात्यां शत्रुविनाशनम्॥
विशाखायां सुखं चानुराधायां बन्धुवर्धनम्।
ज्येष्ठायां पुत्रहानिः स्यात् मूलभे कीर्त्तिवर्धनम्॥
पूर्वाषाढोत्तराषाढे भवेतां कीर्त्तिदायिके।
श्रवणायां भवेद् दुःखं धनिष्ठायां दरिद्रता॥
बुद्धिः शतभिषायां तु पूर्वभाद्रे सुखीभवेत्।
सौख्यं चोत्तरभाद्रे तु रेवत्यां कीर्त्तिवर्द्धनम्॥

॥ अथ योगनिर्णयः ॥

विश्वसारे –

शुभः सिद्धिश्च आयुष्मान् ध्रुवयोगस्ततः परम्।
प्रीतिः सौभाग्ययोगश्च वृद्धियोगस्ततः परम्।
हर्षणश्च तथा योगः सर्वतन्त्रे सुखावहः॥

॥ अथ करणनिर्णयः ॥

ववश्च बालवश्चैव कौलवं तैतिलं तथा।
करणानि शुभान्येव सर्वतन्त्रेषु भामिनि॥

॥ अथ लग्ननिर्णयः ॥

वृषे सिंहे च कन्यायां धनुर्मीनाख्यलग्नके।
चन्द्रतारानुकूले च कुर्याद्दीक्षाप्रवर्त्तनम्॥
स्थिरलग्नं विष्णुमन्त्रे शिवमन्त्रे चरं तथा।
द्विस्वभावगतं लग्नं शक्तिमन्त्रेषु शस्यते॥

॥ अथ पक्षनिर्णयः ॥

शुक्लपक्षे शुभा दीक्षा कृष्णेऽप्यापञ्चमीं तथा।
निषिद्धमासे तु तत्तु विशेषो दिनभेदतः॥

आगमकल्पद्रुमे –

षष्ठी भाद्रपदे मासे त्विषे कृष्णा चतुर्दशी।
कार्त्तिके नवमी शुक्ला मार्गे शुक्ला तृतीयका॥
पौषे च नवमी शुक्ला माघे शुक्ला चतुर्थिका।
फाल्गुने नवमी शुक्ला चैत्रे कामचतुर्द्दशी॥
वैशाखे चाक्षया चैव ज्येष्ठे दशहरा तिथिः।
आषाढे पञ्चमी शुक्ला श्रावणे कृष्णपञ्चमी।
एतानि देवपर्वाणि तीर्थकोटिफलं लभेत्॥

अन्यमतं च –

चैत्रे त्रयोदशी शुक्ला वैशाखे तु हरिप्रिया।
ज्येष्ठे चतुर्दशी कृष्णा आषाढे नागपञ्चमी॥
श्रावणैकादशी भाद्रे रोहिणीसंयुताष्टमी।
आश्विने च महापुण्या सिद्धिदा स्यान्महाष्टमी॥
कात्तिके नवमी शुक्ला मार्गशीर्षे तथा सिता।
षष्ठी चतुर्दशी पौषे माघेऽप्येकादशी सिता॥
फाल्गुने च सिता षष्ठी चेति कालविनिर्णयः।

योगिनीतन्त्रे –

अयने विषुवे चैव ग्रहणे चन्द्रसूर्ययोः।
सूर्यसंक्रान्तिदिवसे युगाद्यायां सुरेश्वरि॥
मन्वन्तरासु सर्वासु महापूजादिने तथा।
सूर्यग्रहणकालस्य समानो नास्ति भूतले॥
तत्र यद्यत्कृतं सर्वमनन्तफलदं भवेत्।
न वारतिथिमासादिशोधनं सूर्यपर्वणि॥

एवं चन्द्रग्रहणेऽपि। तदुक्तं *मत्स्यसूक्ते –*

न कुर्याच्छाक्तिकीं दीक्षां सूर्यपर्वणि साधकः।
न कुर्याद्वैष्णवीं तान्तु यदि चन्द्रमसो ग्रहः॥

एतच्च श्रीगोपालश्रीविद्येतरविषयम्।

अमावस्या सोमवारे भौमवारे चतुर्दशी।

सप्तमी रविवारे च सूर्यपर्वशतैः समा॥
शिष्यमाहूय गुरुणा कृपया दीयते यदा।
तत्र लग्नादिकं किञ्चिन्न विचार्यं कथञ्चन॥
सर्वा तारा ग्रहाः सर्वे नक्षत्राणि च राशयः।
यस्मिन्नहनि सन्तुष्टो गुरुः सर्वे शुभावहाः॥

योगिनीतन्त्रे –

ग्रहणे च महातीर्थे नास्ति कालविनिर्णयः।
गयायां भास्करक्षेत्रे विरजे चन्द्रपर्वते॥
चत्वरे च मतङ्गे च तथा शून्याश्रमेषु च।
न गृह्णीयात् ततो दीक्षां तीर्थेष्वेतेषु पार्वति॥

॥इति दीक्षाकालनिर्णयः॥

॥अथ मन्त्राणां शारदातिलकोक्तदशसंस्कारप्रकारः॥

जननं जीवनं पश्चात् ताडनं बोधनं तथा।
अथाभिषेको विमलीकरणाऽऽप्यायने पुनः॥
तर्पणं दीपनं गुप्तिर्दशैता मन्त्रसंस्क्रियाः। इति॥ (२.११२-११३)
मन्त्राणां मातृकामध्यादुद्धारो जननं स्मृतम्॥
प्रणवान्तरितान् कृत्वा मन्त्रवर्णान् जपेत्सुधीः।
एतज्जीवनमित्याहुर्मन्त्रतन्त्रविशारदाः॥
मन्त्रवर्णान् समालिख्य ताडयेच्चन्दनाम्भसा।
प्रत्येकं वायुना मन्त्री ताडनं तदुदाहृतम्॥
विलिख्य मन्त्रं तं मन्त्री प्रसूनैः करवीरजैः।
तन्मन्त्राक्षरसंख्यातैर्हन्याद्रेफेन बोधनम्॥
स्वतन्त्रोक्तविधानेन मन्त्री मन्त्रार्णसंख्यया।
अश्वत्थपल्लवैर्मन्त्रमभिषिञ्चेद् विशुद्धये॥
सञ्चिन्त्य मनसा मन्त्रं ज्योतिर्मन्त्रेण निर्दहेत्।
मन्त्रे मलत्रयं मन्त्री विमलीकरणन्त्विदम्॥ (२.११४-१९)

मलत्रयं यथा – आनब्धम् १, मायिकम् २, कार्मणम् ३।

मायिकं मायया चोत्थं पौरुषं कार्मणं मलम्।
आनब्धं मानसं प्रोक्तं निषिद्धं तन्मलत्रयम्॥ इति।
तारं व्योमाग्निमनुयुग् दण्डी ज्योतिर्मनुः स्मृतः।
कुशोदकेन जप्तेन प्रत्यर्णं प्रोक्षणं मनोः॥
तेन मन्त्रेण विधिवदेतदाप्यायनं मतम्।
मन्त्रेण वारिणा मन्त्रे तर्पणं तर्पणं स्मृतम्॥ (२.१२०-१२१)

तारं प्रणवः ॐ। व्योम हकारः। अग्निः रकारः। मनुः औकारः। दण्डी अनुस्वारः। तेन ॐ ह्रौं इति ज्योतिर्मन्त्रः।

मधुना तर्पणं शक्तौ शैवे दुग्धाज्यकेन च।
पञ्चामृतेन देवेशि तर्पणं वैष्णवे तथा॥

अमुकमन्त्रं तर्पयामीति प्रयोगः।

तारमायारमायोगे मनोर्दीपनमुच्यते। (२.१२२)

ॐ ह्रीं श्रीं ततो मन्त्रस्यैकाक्षरमिति। अमुकमन्त्रस्यामुकाक्षरं दीपयामीति प्रयोगः।

जप्यमानस्य मन्त्रस्य गोपनं त्वप्रकाशनम्।
संस्कारा दश संप्रोक्ताः सर्वतन्त्रेषु गोपिताः॥ (२.१२२-१२३)

॥ इति मन्त्रसंस्कारप्रकारः समाप्तः ॥

॥ अथ मन्त्रावली ***लिख्यते*** ॥

तत्रादौ गणेशमन्त्राः –

वक्रतुण्डाय हुं ।६॥
षड्लक्षं जपः।
रायस्पोषस्य ददिता निधिदोरत्नधातुमान्।
रक्षोहणो बलगहनो वक्रतुण्डाय हुं। ३१॥
पूजार्चादि पूर्ववत्॥

अथोच्छिष्टगणपतिमन्त्राः –

हस्ति पिशाचि लिखे स्वाहा ।९॥
ॐ ह्रीं गं हस्ति पिशाचि लिखे स्वाहा। १२॥

गं हस्ति पिशाचि लिखे स्वाहा। १०॥

ॐ नमो भगवते एकद्रंष्टाय हस्तिमुखाय लम्बोदराय उच्छिष्टमहात्मने आं क्रों ह्रीं गं घे घे स्वाहा। ३७॥

एकलक्षं जपः।

ॐ हस्तिमुखाय लम्बोदराय उच्छिष्टमहात्मने आं क्रों ह्रीं क्लीं ह्रीं हूं घे घे उच्छिष्टाय स्वाहा । ३२॥

एकलक्षं जपः।

अथ महागणपतिमन्त्रः –

ॐ श्रीं ह्रीं क्लीं ग्लौं गं गणपतये वरवरद सर्वजनं मे वशमानय स्वाहा। २८॥

अस्य पुरश्चरणं चतुश्चत्वारिंशत्सहस्राधिकचतुर्लक्षं जपः।

ह्रीं गं ह्रीं महागणपतये स्वाहा। १२॥

लक्षं जपः।

अथ हरिद्रागणेशमन्त्रः –

ग्लं। १॥

चतुर्लक्षं जपः।

अथ लक्ष्मीविनायकमन्त्रः–

ॐ श्रीं गं सौम्याय गणपतये वरवरद सर्वजनं मे वशमानय स्वाहा। २८॥

चतुर्लक्षं जपः।

अथ त्रैलोक्यमोहनगणेशमन्त्रः –

वक्रतुण्डैकदंष्ट्राय क्लीं ह्रीं श्रीं गं गणपतये वरवरद सर्वजनं मे वशमानय स्वाहा। ३३॥

चतुर्लक्षं जपः।

एते मन्त्रमहोदधिमतेन लिखिताः। एतेषां पूजाप्रकारस्तत्रैव द्रष्टव्यः।

अथ श्रीदक्षिणकालिकायाः –

क्रीं क्रीं क्रीं हूं हूं ह्रीं ह्रीं दक्षिणे कालिके क्रीं क्रीं क्रीं हूं हूं ह्रीं ह्रीं स्वाहा। २२॥

ॐ ह्रीं ह्रीं हूं हूं क्रीं क्रीं क्रीं दक्षिणे कालिके क्रीं क्रीं क्रीं हूं हूं ह्रीं ह्रीं स्वाहा।२३॥

हूं हूं क्रीं क्रीं क्रीं ह्रीं ह्रीं दक्षिणे कालिके हूं हूं क्रीं क्रीं क्रीं ह्रीं ह्रीं स्वाहा। २२॥

क्रीं हूं ह्रीं दक्षिणे कालिके क्रीं हूं ह्रीं स्वाहा। १४॥

क्रीं क्रीं क्रीं हूं हूं ह्रीं ह्रीं दक्षिणे कालिके स्वाहा। १५॥

क्रीं क्रीं क्रीं। ३॥

क्रीं। १॥ ***एकाक्षरी।***

क्री हूं ह्रीं हुं फट्। ५॥

क्रीं हूं ह्रीं हुं फट् स्वाहा। ७॥

क्रीं हूं ह्रीं। ३॥ ***त्र्यक्षरी।***

एतेषां यजनं द्वाविंशत्यक्षरीवत्। लक्षं जपः। रक्तकुसुमैर्होमः।

अथ गुह्यकालीमन्त्राः –

क्रीं क्रीं क्रीं हूं हूं ह्रीं ह्रीं गुह्यकालिके क्रीं क्रीं क्रीं हूं हूं ह्रीं ह्रीं स्वाहा। २१॥

क्रीं गुह्यकालिके स्वाहा। ८॥

हूं गुह्यकालिके स्वाहा। ८॥

ह्रीं गुह्यकालिके स्वाहा। ८॥

इति *विश्वसारे* ***गुह्यकालीमन्त्रः।***

अथ भद्रकाल्याः। ***स्वतन्त्रे*** –

क्रीं क्रीं क्रीं हूं हूं ह्रीं ह्रीं भद्रकाल्यै क्रीं क्रीं क्रीं हूं हूं ह्रीं ह्रीं स्वाहा। २०॥

अथ *फेत्कारिणीतन्त्रे* –

हौं कालि महाकालि किलि किलि फट् स्वाहा।

अस्याः पुरश्चरणाद्यभावः। अन्यासां दक्षिणकालीवत्।

अथ महाकालीमन्त्राः *फेत्कारिण्याम्* –

ॐ फ्रें फ्रें हूं हूं पशुं गृहाण हुं फट् स्वाहा। १४॥

ॐ हर हर स्तम्भ स्तम्भ कील कील स्वाहा। १५॥

जपमात्रम्।

अथ श्मशानकालीमन्त्रो *विश्वसारे* –

ऐं नमः क्रीं ऐं नमः क्रीं कालिकायै स्वाहा। १४॥

नमः ऐं क्रीं क्रीं कालिकायै स्वाहा।

क्रीं कालिकायै नमः। इति॥

श्मशानकालीपुरश्चरणं लक्षं जपः।

अथ श्रृङ्गारकाली –

ऐं ह्रीं ॐ ऐं हुं फट् स्वाहा।

पुरश्चरणं दक्षिणावत्।

अथ सिद्धिकाली –

ॐ ह्रीं ह्रीं मे स्वाहा। ६॥

पुरश्चरणमेकविंशतिसहस्रम्।

अथ सुमुखीमन्त्रः –

उच्छिष्टचाण्डालिनि सुमुखि देवि महापिशाचिनि ह्रीं ठः ठः ठः।

लक्षं जपः। किंशुकपुष्पैर्होमः।

अथ श्रीतारामन्त्रः –

ॐ ह्रीं स्त्रीं हूं फट्। ५॥

एकजटायाः –

ह्रीं स्त्रीं हूं फट्।

अथ नीलसरस्वत्याः –

ह्रीं स्त्रीं हूँ।

चतुर्लक्षं जपः। क्षीराज्याक्तकमलैर्होमः।

अथ ताराभेदाः –

ॐ स्त्रीं ह्रीं हूँ ह्रीं हूँ फट्। ७॥

ऐँ ह्रीं श्रीं क्लीं ह्सौः हूँ उग्रतारे हूँ फट्। १३॥

ॐ ह्रीं हूँ ह्रीं हूँ फट्। ६॥

ॐ हूँ ह्रीं क्लीं सौः हूँ फट्। ७॥

अथैकजटामन्त्रान्तरम् –

ॐ ह्रीं नमो भगवत्येकजटे मम वज्रपुष्पं प्रतीच्छ स्वाहा। २२॥

नीलसरस्वत्याः प्रकारान्तरम् –

ॐ श्रीं ह्रीं ह्सौः हूँ फट् नीलसरस्वत्यै स्वाहा। १४॥

पूजनादिकं पूर्ववत्।

अथ छिन्नमस्तामन्त्रः –

ॐ श्रीं ह्रीं ह्रीं ऐं वज्रवैरोचनीये ह्रीं ह्रीं फट् स्वाहा। १७॥

चतुर्लक्षं जपः। पलाशश्रीवृक्षकुसुमैर्होमः।

अथ रेणुकाशबरी मन्त्रः –

ॐ श्रीं ह्रीं क्रों ऐं। ५॥

पञ्चलक्षं जपः। बिल्वफलैर्होमः।

अथ विवाहार्थं स्वयम्वरकला –

ॐ ह्रीं योगिनि योगिनि योगीश्वरि योगीश्वरि योगभयङ्करि सकलस्थावरजङ्गमस्य मुखं हृदयं मम वशमाकर्षयाकर्षय स्वाहा। ५०॥

चतुर्लक्षं जपः। पायसान्नेन होमः।

अथ शीतलामन्त्रः –

ॐ ह्रीं श्रीं शीतलायै नमः।

दशसहस्रं जपः। पायसेन होमः।

नाभिमात्रे जले स्थित्वा यः सहस्रं जपेन्मनुम्।
तेन संमार्जितास्तीव्राः स्फोटा नश्यन्ति तत्क्षणात्।

अथ बालामन्त्रः –

ऐं क्लीं सौः। ३॥

लक्षत्रयं जपः। पलाशकुसुमैर्होमः।

अथ त्रिपुरागायत्री –

क्लीं त्रिपुरादेवि विद्महे कामेश्वरि धीमहि।

तन्नः क्लिन्ने प्रचोदयात्॥

अथान्नपूर्णामन्त्रः –

ॐ ह्रीं श्रीं क्लीं नमो भगवति माहेश्वरि अन्नपूर्णे स्वाहा। २०॥

लक्षं जपः। चरुणा होमः।

अथ प्रत्यङ्गिरामन्त्रः –

ॐ ह्रीं यां कल्पयन्ति नोरयः क्रूरां कृत्यां वधूमिव।

ह्रां ब्रह्मणापनिर्णुद्मःप्रत्यक्कर्त्तारमृच्छतु ह्रीं ॐ॥

अयुतं जपः। अपामार्गराज्याज्यहविर्भिर्होमः।

अथ प्रत्यङ्गिरामालामन्त्रः –

ॐ ह्रीं नमः कृष्णवाससे शतसहस्रहिंसिनि सहस्रवदने महाबले अपराजिते प्रत्यङ्गिरे परसैन्यपरकर्मविध्वंसिनि परमन्त्रोत्सादिनि सर्वभूतदमनि सर्वदेवान् बन्ध बन्ध सर्वविद्यान् छिन्धि छिन्धि क्षोभय क्षोभय परयन्त्राणि स्फोटय स्फोटय सर्वशृङ्खलान् त्रोटय त्रोटय ज्वलज्ज्वालाजिह्वे करालवदने प्रत्यङ्गिरे ह्रीं नमः। १२५॥

अयुतं जपः। तिलराजिकाभिर्होमः।

अथ बगलामुखीमन्त्रः –

ॐ ह्लीं बगलामुखि सर्वदुष्टानां वाचं मुखं पदं स्तम्भय जिह्वां कीलय बुद्धिं विनाशय ह्लीं ॐ स्वाहा। ३६॥

लक्षं जपः। चम्पकपुष्पैर्होमः।

अथ स्वप्नवाराहीमन्त्रः –

ॐ ह्रीं नमो वाराहि घोरे स्वप्नं ठः ठः स्वाहा। १५॥

लक्षं जपः। नीलपद्मतिलैर्होमः।

अथ त्रिपुरसुन्दरीमन्त्रः –

श्रीं ह्रीं क्लीं ऐं सौः ॐ ह्रीं श्रीं क ए इ ल ह्रीं ह स क ह ल ह्रीं स क ल ह्रीं सौः ऐं क्लीं ह्रीं श्रीं॥

इयं षोडशाक्षरी। लक्षं जपः। त्रिमधुरोपेतकरबीरपुष्पैर्होमः। इयं राजराजेश्वरी। यजनादिकं तन्त्रे द्रष्टव्यम्।

अथ हनुमन्मन्त्रः –

हौं ह्स्फ्रें ख्फ्रें ह्स्रौं ह्स्ख्फ्रें ह्सौं हनुमते नमः। १२॥

अर्कसहस्रं जपः। पयोदध्याज्यव्रीहिभिर्होमः।

अथ प्रकारान्तरेण –

नमो भगवते आञ्जनेयाय महाबलाय स्वाहा।

अयुतं जपः। तिलैर्होमः।

अथ श्रीराममन्त्रः –

रां रामाय नमः। ६॥

हं जानकीवल्लभाय स्वाहा। १०॥ वा,

ॐ ह्रीं श्रीं क्लीं ऐं रां। ६॥ वा,

राम। २॥

रामचन्द्र। ४॥

रामभद्र। ४॥

रामाय नमः। ५॥

एते राममन्त्राः।

श्रीवासुदेवमन्त्रः –

ॐ नमो भगवते वासुदेवाय। १२॥

नारायणमन्त्रः –

ॐ नमो नारायणाय। ८॥

श्रीकृष्णमन्त्रः –

क्लीं कृष्णाय गोविन्दाय गोपीजनवल्लभाय स्वाहा। १८॥

ॐ नमो भगवते रुक्मिणीवल्लभाय स्वाहा। १६॥

क्लीं कृष्णाय नमः स्वाहा। ८॥

क्लीं गोवल्लभाय स्वाहा। ८॥

क्लीं कृष्ण क्लीं। ४॥

एते कृष्णमन्त्राः।

अथ सन्तानगोपालमन्त्रः –

देवकीसुत गोविन्द वासुदेव जगत्पते।

देहि मे तनय कृष्ण त्वामहं शरणं गतः॥

कामदेवमन्त्रः –

क्लीं। १॥

अथ कामगायत्री –

कामदेवाय विद्महे पुष्पबाणाय धीमहि।

तन्नोऽनङ्गः प्रचोदयात्। २४॥

अथ श्रीदुर्गामन्त्रः –

ॐ ह्रीं दुं दुर्गायै नमः। ८॥

अष्टलक्षं जपः। मधुरात्ततिलैर्होमः।

अथ महिषमर्दिनीमन्त्रः –

महिषमर्दिनि स्वाहा। ८॥

अष्टलक्षं जपः। मधुरात्ततिलैर्होमः।

अथ जयदुर्गामन्त्रः –

ॐ दुर्गे दुर्गे रक्षिणि स्वाहा। १०॥

पञ्चलक्षं जपः। घृतेन होमः।

श्रीविन्ध्यवासिनीमन्त्रः –

ॐ उत्तिष्ठ पुरुषि किंसुपिषि भयं मे समुपस्थितम्।

यदि शक्यमशक्यं वा तन्मे भगवति शमय स्वाहा।

अथ वागीश्वरीमन्त्रः –

ह्रीं वद वद वाग्वादिनि स्वाहा ह्रीं। १२॥

दशलक्षं जपः। कमलैः पयोऽभ्यक्ततिलैर्वा मधुराक्तैर्होमः।

मन्त्रान्तरम् –

ऐं नमो भगवति वद वद वाग्देवि स्वाहा। १६॥

अष्टलक्षं जपः। घृताक्ततिलैर्होमः।

अथ श्रीलक्ष्मीमन्त्रः –

श्रीं। १॥

द्वादशलक्षं जपः। मधुराक्तकमलैर्द्वादशसहस्रं होमः।

मन्त्रान्तरम् –

ऐं श्रीं ह्रीं क्लीं। ४॥

द्वादशलक्षं जपः। रक्तकमलैर्होमो द्वादशसहस्रम्।

महालक्ष्मीमन्त्रः –

ॐ ऐं ह्रीं श्रीं क्लीं ह्सौं जगत्प्रसूत्यै नमः।

द्वादशलक्षं जपः। घृतैः श्रीफलैः कमलैरयुतद्वयं होमः।

मन्त्रान्तरम् –

नमः कमलवासिन्यै स्वाहा। १०॥

दशलक्षं जपः। मधुराक्तकमलैर्होमः।

अथ भुवनेश्वरीमन्त्रः –

ह्रीं। १।

द्वात्रिंशल्लक्षं जपः भुवनेश्वर्याः।

ऐँ ह्रीँ श्रीं। ३॥ ***वा,***

आं ह्रीं क्रों। ३॥

अथ व्यासमन्त्रः –

ॐ नमः शिवाय। ६॥ ***वा,***

नमः शिवाय। ५॥

मृत्युञ्जयमन्त्रः –

ॐ जूं सः। ३॥

लक्षत्रयं जपः।

अथ वैदिकमृत्युञ्जयमन्त्रः –

ॐ त्र्यम्बकं यजामहे सुगन्धिं पुष्टिवर्द्धनम्।
उर्वारुकमिव बन्धनान्मृत्योर्मुक्षीयमामृतात्॥

अथ महामृत्युञ्जयमन्त्रः –

ॐ हौं ॐ जूं सः भूर्भुवः स्वः त्र्यम्बकं यजामहे सुगन्धिं पुष्टिवर्द्धनम् उर्वारुकमिव बन्धनान्मृत्योर्मुक्षीयमामृतात् भूर्भुवः स्वरों जूं सः हौं ॐ॥

लक्षं जपः। मधुरत्रयाक्तैरमृताखण्डैर्होमः।

अथ बटुकभैरवमन्त्रः –

ह्रीं बटुकाय आपदुद्धारणाय कुरु कुरु बटुकाय ह्रीं।

द्वाविंशतिलक्षं जपः।

हरिहरमन्त्रः –

ॐ ह्रीं हौं शंकरनारायणाय नमः हौ ह्रीं ॐ। १६॥

कुबेरमन्त्रः –

यक्षाय कुबेराय वैश्रवणाय धनधान्याधिपतये धनधान्यसमृद्धिं मे देहि दापय स्वाहा। ३५॥

३, ४, ५, ८, ८, ७ षडङ्गम्।

अथ नृसिंहमन्त्रः –

उग्रं वीरं महाविष्णुं ज्वलन्तं सर्वतोमुखम्।
नृसिंहभीषणं भद्रं मृत्युमृत्युं नमाम्यहम्॥

आं ह्रीं क्ष्रौं क्रों हुं फट्। ६॥

क्ष्रौं। १॥ नरसिंहस्य एकाक्षरः। ***वा,***

ॐ क्ष्रौं नमो भगवते नरसिंहाय ज्वालामालिने दीप्तदंष्ट्राय अग्निनेत्राय सर्वरक्षोघ्नाय सर्वभूतविनाशनाय सर्वज्वरविनाशनाय दह दह पच पच रक्ष रक्ष हुं फट् स्वाहा।

।नृसिंहमन्त्रोऽयम्।

अथ हयग्रीवमन्त्रः –

हस्ूँ। १॥ *वा,*
हस्ूँ हयशिरसे नमः।८॥

अथ चक्रसुदर्शनमन्त्रः –

ॐ सहस्रार हुँ फट्॥

अथाग्निप्रकारमन्त्रः –

ॐ त्रैलोक्य रक्ष रक्ष हुं फट् स्वाहा॥

अथ गरुड़मन्त्रः –

पक्षिराजाय स्वाहा।७॥

श्रीगङ्गामन्त्रः –

ऐं हिलि हिलि मिलि मिलि गङ्गे मां पावय पावय स्वाहा॥ *वा,*

ॐ हिलि हिलि मिलि मिलि गङ्गे देवि नमः॥

ॐ नमः शिवायै नारायण्यै दशहरायै गङ्गायै स्वाहा॥ *वा,*

ॐ ह्रीं श्रीं नमो भगवति गङ्गदयिते नमो हुं फट्॥

मणिकर्णिकामन्त्रः –

ॐ मं मणिकर्णिके प्रणवात्मिके नमः॥ ***वा,***
ॐ ऐं ह्रीं श्रीं क्लीं ॐ मं मणिकर्णिके नमः ॐ॥

अथ महाकालीमहालक्ष्मीमहासरस्वतीमन्त्रः –

ऐं ह्रीं क्लीं चामुण्डायै विच्चे।९॥
नवार्णमन्त्रोऽयम्।

अथ कार्त्तवीर्यमन्त्रः –

ॐ फ्रों व्रीं क्लीं भ्रूं आं ह्रीं क्रौं श्री हुं फट् कार्तवीर्यार्जुनाय नमः।२०॥

कार्त्तवीर्यार्जुनो नाम राजा बाहुसहस्रवान्।
तस्य संस्मरणादेव हृतं नष्टं च लभ्यते॥ ३२॥

धूमावतीमन्त्रः –

धूं धूमावती स्वाहा॥

अथ शरभेश्वरमन्त्रः –

ॐ खें खां खः फट् प्राणग्रहासि प्राणग्रहासि हुं फट् सर्वशत्रुसंहारणाय शरभसालुवाय पक्षिराजाय हुं फट् स्वाहा। ४२॥

वर्णसंख्यासहस्राणि जपः।

॥ अथ तान्त्रिकनवग्रहमन्त्राः ॥

सूर्यस्य –

ॐ ह्रीं घृणिः सूर्य आदित्यः श्रीं॥

चन्द्रस्य –

सों सोमाय नमः॥

कुजस्य –

ॐ हां हं सः खं खः॥

बुधस्य –

बुं बुधाय नमः॥

गुरोः –

बृं बृहस्पतये नमः॥

शुक्रस्य –

ॐ वस्त्रं मे देहि शुक्राय स्वाहा॥

शनैः –

ॐ षां षीं षौं सः शनैश्चराय स्वाहा।

राहौः –

ॐ छां छीं छौं सः राहवे स्वाहा।

केतोः –

ॐ फां फीं फौं सः केतुभ्यः स्वाहा।

॥ अथ मङ्गलादियोगिनीमन्त्रः ॥

मङ्गलामन्त्रः –

ह्रीं मङ्गले मङ्गलायै स्वाहा॥

पिङ्गलायाः –

ॐ ग्लौं पिङ्गले वैरिकारिणि प्रसीद फट् स्वाहा॥

धन्यायाः –

श्रीं धनदे धन्ये स्वाहा॥

भ्रामर्याः –

ॐ भ्रामरि जगतामधीश्वरि भ्रामरि क्लीं स्वाहा॥

भद्रिकायाः –

ॐ भद्रिके भद्रं देहि अभद्रं नाशय स्वाहा॥

उल्कायाः –

ॐ उल्के मम रोगं नाशय जम्भय स्वाहा॥

सिद्धायाः –

ॐ ह्रीं सिद्धे मे सर्वमानं संसाधय स्वाहा॥

सङ्कटायाः –

ॐ ह्रीं सङ्कटे मम रोगं नाशय स्वाहा॥

॥ अथ भूतलिपिः ॥

पञ्चह्रस्वाः सन्धिवर्णा व्योमेराग्निजलं धराः।
अन्त्यमाद्यं द्वितीयं च चतुर्थं मध्यमं क्रमात्॥
पञ्चवर्गाक्षराणि स्युर्वान्तं श्वेतेन्दुभिः सह।
एषा भूतलिपिः प्रोक्ता द्विचत्वारिंशदक्षरैः॥
(शा. ति. ७.२-३)

एवं जपं पुरा कृत्वा तेजोरूपं समर्पयेत्।
देवस्य दक्षिणे हस्ते कुशपुष्पार्घ्यवारिभिः॥

शक्तिपक्षे वामहस्ते भक्तिभावात् समर्पयेत्।

ततो मन्त्रजपः कार्यः।

भूतलिपिमन्त्रः –

अ इ उ ऋ लृ ए ऐ ओ औ ह य र व ल ङ क ख घ ग ञ च छ झ ज ण ट ठ ढ ड न त थ ध द म प फ भ ब श ष स। ४२॥

॥ अथ गायत्री लिख्यते ॥

विष्णोः –

त्रैलोक्यमोहनाय विद्महे कामदेवाय धीमहि।
तन्नो विष्णुः प्रचोदयात्॥

गोपालस्य –

कृष्णाय विद्महे दामोदराय धीमहि।
तन्नो विष्णुः प्रचोदयात्॥

कामदेवस्य –

कामदेवाय विद्महे पुष्पबाणाय धीमहि।
तन्नोऽनङ्गः प्रचोदयात्॥

रामस्य –

दाशरथये विद्महे सीतावल्लभाय धीमहि।
तन्नो रामः प्रचोदयात्॥

रुद्रस्य –

तत्पुरुषाय विद्महे महादेवाय धीमहि।
तन्नो रुद्रः प्रचोदयात्॥

नारायणस्य –

नारायणाय विद्महे वासुदेवाय धीमहि।
तन्नो विष्णुः प्रचोदयात्॥

कार्त्तवीर्यगायत्री –

कार्त्तवीर्याय विद्महे महावीर्याय धीमहि।

तन्नोऽर्जुनः प्रचोदयात्॥

नृसिंहस्य –

ॐ नृसिंहाय विद्महे वज्रनखाय धीमहि।
तन्नो नृसिंहः प्रचोदयात्॥
इति नृसिंहगायत्री।

सूर्यस्य –

आदित्याय विद्महे मार्त्तण्डाय धीमहि।
तन्नः सूर्यः प्रचोदयात्॥

शक्तेः –

सर्वसंमोहिन्यै विद्महे विश्वजनन्यै धीमहि।
तन्नः शक्तिः प्रचोदयात्॥

त्वरितायाः –

त्वरितादेव्यै विद्महे महानित्यायै धीमहि।
तन्नो देवी प्रचोदयात्॥

बालायाः –

ऐं वागीश्वर्यै विद्महे क्लीं कामेश्वर्यै धीमहि।
सौस्तन्नः शक्तिः प्रचोदयात्॥

त्रिपुरसुन्दर्याः –

ऐं त्रिपुरादेव्यै विद्महे क्लीं कामेश्वर्यै धीमहि।
सौः तन्नः क्लिन्ने प्रचोदयात्॥

दुर्गायाः –

महादेव्यै विद्महे दुर्गादेव्यै धीमहि।
तन्नो देवी प्रचोदयात्॥

महालक्ष्म्याः –

महालक्ष्म्यै विद्महे महाश्रियै धीमहि।
तन्नः श्रीः प्रचोदयात्॥

छिन्नमस्तायाः –

वैरोचिन्यै विद्महे छिन्नमस्तायै धीमहि।
तन्नो देवी प्रचोदयात्॥

कालिकायाः –

कालिकायै विद्महे श्मशानवासिन्यै धीमहि।
तन्नो देवी प्रचोदयात्॥

॥ अथ गायत्रीध्यानम्॥

उद्यदादित्यसंङ्काशां पुस्तकाक्षकरां स्मरेत्।
कृष्णाजिनधरां ब्राह्मीं ध्यायेत् ताराङ्कितांम्बरे॥

मध्याह्ने –

श्यामवर्णां चतुर्बाहुर्शङ्खचक्रलसत्कराम्।
गदापद्मधरां देवीं सूर्यासनकृताश्रयाम्॥

सायाह्ने –

शुक्लां शुक्लाम्बरधरां वृषासनकृताश्रयाम्।
त्रिनेत्रां वरदां पाशं शूलं च नृकरोटिकाम्।
सूर्यमण्डलमध्यस्थां ध्यायन्देवीं समभ्यसेत्॥

॥ *अथ यन्त्रलेखनसिध्यर्थं* स्वर्णाकर्षणभैरवमन्त्रः ॥

ॐ ऐं क्लां क्लीं क्लूं ह्रां ह्रीं ह्रूं सः वं आपदुद्धारणाय अजामलबद्धाय लोकेश्वराय स्वर्णाकर्षणभैरवाय मम दारिद्र्य-विद्वेषणाय ॐ श्रीं महाभैरवाय नमः॥

अस्य स्वर्णाकर्षणभैरवमन्त्रस्य चतुर्मुखोमुनिः पंक्तिश्छन्दः स्वर्णाकर्षण-भैरवो देवता दारिद्र्यनिवृत्तये जपे विनियोगः॥

९, ८, १२, ७, १०, १० एभिर्वर्णैः षडङ्गन्यासः।

अथ ध्यानम् –

परिजातद्रुकान्तारे स्थिते माणिक्यमण्डपे।
सिंहासनगतं ध्यायेद् भैरवं स्वर्णदायिनम्॥

गाङ्गेयपात्रं डमरूं त्रिशूलं
वरं करैः संदधतं त्रिनेत्रम्।
देव्यायुतं तप्तसुवर्णवर्णं
स्वर्णाकृषं भैरवमाश्रयामः॥

(म. म. २०.१२७-२८)

लक्षं जपः। पायसेन होमः। शैवे पीठेऽङ्गदिक्पालहेतिभिर्यजेत्।

सिद्धं मनुं जपेन्नित्यं त्रिशतं मण्डलावधि।
दारिद्र्यं दूरमुत्क्षिप्य जायते धनदोपमः॥
जपादिभिर्मनौ सिद्धे यन्त्रेभ्यः सिद्धिमाप्नुयात्।
सुवर्णमेधते गेहे नैवारेः स्यात्पराभवः॥ इति।

(म. म. २०.१३०-३१)

॥ अथ हनुमन्मालामन्त्रः ॥

ॐ ऐं श्रीं ह्रां ह्रीं ह्रूं ह्स्फ्रें ख्फ्रें ह्स्रौं ह्स्ख्फ्रें ह्सौं ॐ नमो हनुमते प्रकटपराक्रम आक्रान्तदिङ्मण्डल यशोवितानधवलीकृतजगत्त्रितय वज्रदेह ज्वलदग्निसूर्यकोटिसमप्रभ तनूरुहरुद्रावतार लङ्कापुरीदहनोदधिलङ्घन दशग्रीवशिरःकृतान्तक सीताश्वासन वायुसुताञ्जनीगर्भसम्भूत श्रीरामलक्ष्मणानन्दकर कपिसैन्यप्राकार सुग्रीवसख्यकारण वालिनिबर्हणकारण द्रोणपर्वतोत्पाटनाशोकवनविदारणाक्षकुमारकच्छेदन वनरक्षाकरसमूहविभञ्जन ब्रह्मास्त्रब्रह्मशक्तिग्रसन लक्ष्मणशक्तिभेदनिवारण विशल्यौषधिसमानयन बालोदितभानुमण्डलग्रसन मेघनादहोमविध्वंसन इन्द्रजिद्वधकारण सीतारक्षक राक्षसीसङ्घविदारण कुम्भकर्णादिवधपरायण श्रीरामभक्तितत्पर समुद्रव्योमद्रुमलङ्घन महासामर्थ्यमहातेजःपुञ्जविराजमान स्वामिवचनसम्पादितार्जुनसंयुगसहाय कुमारब्रह्मचारिन् गम्भीरशब्दोदयदक्षिणाशामार्त्तण्डमेरुपर्वतपीठिकार्चन सकलमन्त्रागमाचार्य मम सर्वग्रहविनाशन सर्वज्वरोच्चाटन सर्वविषविनाशन सर्वापत्तिनिवारण सर्वदुष्ट-निबर्हण सर्वव्याघ्रादिभयनिवारण सर्वशत्रुच्छेदन मम परस्य च त्रि-भुवनपुंस्त्रीनपुंसकात्मकसर्वजीवजातं वशय वशय

ममाज्ञाकारकं सम्पादय सम्पादय नानानामधेयान् सर्वान् राज्ञः सपरिवारान् मम सेवकान् कुरु कुरु सर्वशस्त्रास्त्रविषाणि विध्वंसय विध्वंसय ह्रां ह्रीं ह्रूं ह्रां ह्रीं ह्रूं ह्रां ह्रीं ह्रूं एह्येहि ह्सौं ह्स्ख्फ्रें ह्स्रौं ख्फ्रें ह्स्फ्रें सर्वशत्रून् हन हन परदलानि परसैन्यानि क्षोभय क्षोभय मम सर्वकार्यजातं साधय साधय सर्वदुष्टदुर्जनमुखानि कीलय कीलय घे घे घे हा हा हा हुं हुं हुं फट् फट् फट् स्वाहा॥ ५८८।

।श्रीहनुमतो मालामन्त्रोऽयम्।

॥ अथ मन्त्रग्रहणविधिः ॥

प्रथमतः स्वस्तिवाचनं कृत्वा शिष्यः संकल्पं कुर्यात्। कुशत्रय-तिलयवजलान्यादाय, ''ॐ अद्यामुके मास्यमुके पक्षेऽमुकतिथावमुकगोत्रोऽमुकशर्मा पूर्वजन्मोपार्जितज्ञानाज्ञानकृतसकलपापक्षयपूर्वकसर्वजनाह्लादकत्वविमलबुद्धिपुत्रपौत्रधनधान्यकल्याणनानाविधकवित्वसकलशास्त्रबोध-सुखसौमनस्यस्वेष्टमन्त्रसिद्धिकामनया श्रीमदमुकदेवतामुकमन्त्रग्रहणाङ्ग-भूतगणपत्यादिपञ्चदेवतादशदिक्पालनवग्रहपूजनपूर्वककलशस्थापनमहं करिष्ये'' इति संकल्पं कृत्वा वेद्युपरि धान्यराशौ पञ्चपल्लव-पञ्चरत्नौषधियुक्तं श्रीकलशं स्थापयेत्।

तत्र पञ्चपल्लवाः –

चूताश्वत्थन्यग्रोधोदुम्बरप्लक्षाः।

पञ्चरत्नम् –

कनकं कुलिशं नीलं पद्मरागं च मौक्तिकम्।

सप्तमृत्तिकाः –

अश्वस्थाद् नागजस्थानाद् वल्मीकात् सङ्गमाद् ह्रदात्।
राजद्वाराद् गोकुलाच्च मृदमानीय निःक्षिपेत्॥

सप्त धान्यानि –

व्रीहयो यव - गोधूमा - माष - मुद्ग - प्रियङ्गवः।
श्यामाकं सप्तमं प्रोक्तमित्येवं धान्यसप्तकम्॥

तत्र स्थापनमन्त्राः। तत्रादौ भूमिस्पर्शमन्त्राः –

ॐ भूरसि भूमिरस्यदितिरसि विश्वधाया विश्वस्य भुवनस्य धर्त्री। पृथिवीं यच्छ पृथिवीं दृꣳह पृथिवीं मा हिꣳ सीः।

।इति भूमिस्पर्शः।

अथ गोमयस्पर्शः –

ॐ मा नस्तोके तनये मा न आयुषि मा नो गोषु मा नो अश्वेषु रीरिषः।

मा नो वीरान् रुद्र भामिनो वधीर्हविष्मन्तः सदमित् त्वा हवामहे॥

।इति गोमयमन्त्रः।

ॐ धान्यमसि धिनुहि देवान् प्राणाय त्वोदानाय त्वा व्यानाय त्वापानाय त्वा।

दीर्घामनु प्रसीतिमायुषे धां देवो वः सविता हिरण्यपाणिः॥

प्रतिगृभ्णात्वच्छिद्रेण पाणिना चक्षुषे त्वा महीनां पयोऽसि।

।इति मन्त्रेण धान्यपुञ्जे कलशं स्थापयेत्।

अथ कलशस्पर्शः –

ॐ आ जिघ्र कलशं मह्या त्वा विशन्त्विन्दवः।

पुनरुर्जा नि वर्तस्व सा नः सहस्रं धुक्ष्वोरुधारा पयस्वती पुनर्मा विशताद्रयि।

।इति कलशस्पर्शः।

अथ कलशे जलं दद्यात् –

ॐ वरुणस्योत्तम्भनमसि वरुणस्य स्कम्भसर्जनी स्थो वरुणस्य ऋतसदन्यसि वरुणस्य ऋतसदनमसि वरुणस्य ऋतसदनमा सीद।

।इति जलं दद्यात्।

अथ कलशकण्ठे वस्त्रधारणम्–

ॐ वसोः पवित्रमसि शतधारं वसोः पवित्रमसि सहस्रधारम्।

देवस्त्वा सविता पुनातु वसोः पवित्रेण शतधारेण सुप्वा कामधुक्षः॥

।इति मन्त्रेण वस्त्रं दद्यात्।

अथ पूंगीफलं दद्यात् –

ॐ याः फलिनीर्या अफला अपुष्पा याश्च पुष्पिणिः।
बृहस्पतिप्रसूतास्ता नो मुञ्चन्त्वं ह सः।।

।इति पूंगीफलम्।

अथ स्वर्णादिकम् –

ॐ हिरण्यगर्भः समवर्त्तताग्रे भूतस्य जातः पतिरेक आसीत्।
स दाधार पृथिवीं द्यामुतेमां कस्मै देवाय हविषा विधेम॥

।इति स्वर्णादिकं दद्यात्।

अथ पञ्चरत्नम् –

कनकं कुलिशं नीलं पद्मरागञ्च मौक्तिकम्।
एतानि पञ्चरत्नानि कलशे प्रक्षिपेद् बुधः॥
ॐ परि वाजपतिः कविरग्निर्हव्यान्यक्रमीत्।
दधद्रत्नानि दाशुषे॥

।इति पञ्चरत्नं दद्यात्।

अथाम्रपल्लवदानम् –

ॐ अश्वत्थे वो निषदनं पर्ण वो वसतिः कृता।
गोभाज इत्किलासथ यत्सनवथ पूरुषम्॥
ॐ अम्बे अम्बिके अम्बालिके न मानयति कश्चन।
ससस्त्यश्वकः सुभद्रिकां कांपीलवासिनीम्॥

।इति मन्त्रद्वयेनाम्रपल्लवं दद्यात्।

अथ सर्वौषधीदानम् –

ॐ या औषधीः पूर्वा जाता देवेभ्यः त्रियुगं पुरा।
मनैनु बभ्रूणामहꣳशतं धामानि सप्त च॥

।इति सर्वौषधीदानम्।

अथ सप्तमृत्तिकादानम् –

ॐ स्योना पृथिवि नो भवान्नृक्षरा निवेशनी।
यच्छा नः शर्म्म सप्रथाः॥

।इति सप्तमृत्तिकाः।

अथ दूर्वादानम् –

ॐ काण्डात्काण्डात्प्ररोहन्ती परुषः परुषस्परि।
एवानो दूर्वे प्र तनु सहस्रेण शतेन च॥

।इति दूर्वा।

ततो गन्धं दद्यात् –

ॐ गन्धद्वारां दुराधर्षां नित्यपुष्टां करीषिणीम्।
ईश्वरीं सर्वभूतानां तामिहोपह्वये श्रियम्॥

।इति गन्धं दद्यात्।

अथ तण्डुलपूर्णपात्रस्थापनम् –

ॐ पूर्णादर्वि परा पत सुपूर्णा पुनरा पत।
वस्नेव विक्रीणावहा इषमूर्ज॑ꣳशतक्रतो॥

।इति पूर्णपात्रं कलशोपरि स्थापयेत्।

अथ दीपं न्यसेत् –

ॐ अग्निर्ज्योतिर्ज्योतिरग्निः स्वाहा। सूर्यो ज्योतिर्ज्योतिः सूर्यः स्वाहा। अग्निर्वर्च्चो ज्योतिर्वर्च्चः स्वाहा। सूर्यो वर्च्चो ज्योतिर्वर्च्चः स्वाहा। ज्योतिः सूर्यः सूर्यो ज्योतिः स्वाहा।

।इति दीपं न्यसेत्।

।।अथ कलशप्रतिष्ठा।।

ॐ मनो जूतिर्जुषतामाज्यस्य बृहस्पतिर्यज्ञमिमं तनोत्वरिष्टं यज्ञꣳसमिमं दधातु। विश्वे देवास इह मादयन्ता मों प्रतिष्ठ प्रतिष्ठ प्रतिष्ठ॥

– इति कलशप्राणप्रतिष्ठां कृत्वा, तत्र कलशे स्वस्वमन्त्रेण गणेशवरुणौ पूजयेत्।

ततो ब्रह्मन्निहागच्छ इह तिष्ठेत्यावाह्य पञ्चोपचारैः संपूजयेत्।

ततो गुरुं पूजयेत्।

ततः शङ्खस्थापनं कुर्यात्।

तद्यथा –

स्ववामभागे त्रिकोणं विलिख्य, "ॐ ह्रीं आधारशक्तये नमः" इति संपूज्य, तत्राधारं संस्थाप्य, नम इति संपूज्य त्रिकोणं शुद्धोदकेनाभ्युक्ष्य, "मं वह्निमण्डलाय दशकलात्मने नमः" इति गन्धपुष्पाक्षतैरर्घ्यपात्रं संपूज्य, "श्रीमदमुकदेवतार्घ्यपात्रं स्थापयामि" इति संस्थाप्य, "अं अर्कमण्डलाय द्वादशकलात्मने अर्घ्यपात्राय नमः" इति संपूज्य, मूलं विलोममातृकाञ्च पठन् क्षं हं सं षं शं वं लं रं यं मं भं बं फं पं नं धं दं थं तं णं ढं डं ठं टं ञं झं जं छं चं ङं घं गं खं कं अः अं औं ओं ऐं एं ॡं ऌं ॠं ऋं ऊं उं ईं इं आं अं, शुद्धोदकैरर्घ्यपात्रमापूर्य, "सं सोममण्डलाय षोडशकलात्मने नमः" इति संपूज्य, ॐ गङ्गे चेति क्रोमित्यङ्कुशमुद्रया तीर्थान्यावाह्य, फडिति संरक्ष्य, हुमित्यवगुण्ठ्य, शमिति शङ्खमुद्रां वमिति धेनुमुद्रां प्रदर्श्य, मत्स्यमुद्रया आच्छाद्य, मूलमष्टधा प्रजप्य, तेनोदकेनात्मानं पूजोपकरणं च सिञ्चयेत्।

॥ होम विधिः ॥

ततः कुशकण्डिकां कृत्वा होमं कृत्वा संकल्पं कुर्यात्। शिष्यः कुशत्रययवजलान्यादाय –

"ॐ अद्येत्याद्यमुकगोत्रोऽमुकशर्मा पूर्वजन्मोपार्जितसकलपापक्षय-पूर्वकसर्वजनाह्लादकत्वविमलबुद्धिपुत्रपौत्रधनकल्याणनानाविधकवित्वसर्व-शास्त्रबोधसुखसौमनस्यप्राप्तिकामनया श्रीमदमुकदेवताऽमुकमन्त्रग्रहणमहं करिष्ये" इति संकल्पं कृत्वा श्रीगुरुवरणं कुर्यात्।

"ॐ अद्येत्यादि अमुकगोत्रममुकशर्माणं ब्राह्मणमेभिः पुष्पचन्दनाक्षत-यज्ञोपवीतताम्बूलवासोयुगलालङ्कारैर्गुरुत्वेन त्वामहं वृणे।" "वृतोऽस्मि" इति प्रतिवचनम्। "यथा विहितं कर्म कुरु।" "करवाणि।"

ततः शङ्खदूर्वाक्षतचन्दनानि शिष्यशिरसि धृत्वा, मातृकान्यासं विधाय, मूलमन्त्रं मनसा प्रजपन् अभिषिञ्चेत्।

ततः शिष्यः कृतभूतशुद्धिमातृकान्यासः। ततो गुरुः शिष्यदेहे कलान्यासं कुर्यात्। तद्यथा –

पादतलाज्जानुपर्यन्तम् – ॐ निवृत्यै नमः।
जानुनो नाभिपर्यन्तम् – ॐ प्रतिष्ठायै नमः।
नाभेराकण्ठम् – ॐ विद्यायै नमः।
कण्ठाद् ललाटम् – ॐ शान्त्यै नमः।
ललाटाद् ब्रह्मरन्ध्रान्तम् – ॐ शान्त्यतीतायै नमः।
पुनर्ब्रह्मरन्धादाललाटम् – ॐ शान्त्यतीतायै नमः।
ललाटादाकण्ठपर्यन्तम् – ॐ शान्त्यै नमः।
कण्ठान्नाभिपर्यन्तम् – ॐ विद्यायै नमः।
नाभेर्जानुपर्यन्तम् – ॐ प्रतिष्ठायै नमः।
जानुनोः पादपर्यन्तम् – ॐ निवृत्यै नमः।

ततः शिष्यशिरसि मूलं प्रजप्य, पुनः शिष्यशिरसि हस्तं दत्वा, अष्टोत्तरशतमन्त्रं प्रजप्य, मन्त्रमुदकपूर्वकं दद्यात्। "आवयोस्तुल्यफलदो भवतु" इत्यनेन। ततो "ददस्व" इति शिष्यो ब्रूयात्। तदा दक्षकर्णे, स्त्रियो वामकर्णे गुरुः त्रिवारं मन्त्रं दद्यात्।

ततः शिष्यः शतधा अष्टधा वा मन्त्रं जपेत्। गुरुमन्त्रदेवतानामैक्यं सम्भावयन् गुरुचरणे दण्डवत्प्रणमेत्। ततो गुरुर्वदेत् –

उत्तिष्ठ वत्स मुक्तोऽसि सम्यगाचारवान् भव।
कीर्तिः श्रीःकान्तिरतुला बलारोग्यं सदाऽस्तु ते॥

– इति शिष्यं गुरुरुत्थापयेत्।

ततः शिष्यः सकुशतिलजलान्यादाय, "ॐ अद्य कृतैतदमुकमन्त्रग्रहण-प्रतिष्ठार्थमिदं स्वर्णममुकगोत्रायामुकशर्मणे गुरवे दक्षिणां तुभ्यमहं सम्प्रददे।" शरीरमर्थं प्राणांश्च सर्वं तस्मै निवेदयेत्। ततो ब्राह्मणेभ्यो यथाशक्ति दक्षिणां दद्यादिति मन्त्रग्रहणविधिः।

अथ चतुर्थदिवसे रात्रौ चतुर्थीकर्म कुर्यात्। तद्यथा – तत्र शिष्यः कृतभूतशुद्धिप्राणायामः, अष्टदलपद्मे कलशं संस्थाप्य, पञ्चदेवताविष्णुपूजां

कृत्वा, कुशत्रयतिलजलान्यादाय संकल्पं कुर्यात्। "ॐ अद्येत्याद्यमुकगोत्रोऽमुकशर्माऽमुकदेवताऽमुकमन्त्रग्रहणाङ्गहोमकर्मादिकृताकृतावेक्षणरूपममुकगोत्रममुकशर्माणं ब्राह्मणमेभिः पुष्पचन्दनताम्बूलाक्षतयज्ञसूत्रद्रव्यवासोभिर्होतृत्वेन त्वामहं वृणे" इति वरणं दत्वा होमं कुर्यात्। तद्यथा –

तत्रादौ कुण्डं स्थण्डिलं वा हस्तमात्रं कृत्वा कुण्डस्यैशान्यां दिशि स्थापितघटे स्वेष्टदेवतामावाह्य पूजयेत्।

ततः कुण्डं स्थण्डिलं वा मूलेन निरीक्ष्य फडिति सन्ताड्य, पुनः फडिति प्रोक्ष्य हुंकारेणाभ्युक्षणं कुर्यात्।

ततो मूलमुच्चार्य कुण्डाय नमः स्थण्डिलाय नमो वेति गन्धपुष्पाभ्यां संपूज्य, होमवेद्यां प्रागग्रा उदगग्राश्च तिस्रो रेखाः कार्याः।

प्रागग्ररेखासु – ॐ मुकुन्दाय नमः। ॐ ईशानाय नमः। ॐ पुरन्दराय नमः। उदगग्ररेखासु – ॐ ब्रह्मणे नमः। ॐ वैवस्वताय नमः। ॐ इन्दवे नम इति प्रादक्षिण्येन गन्धपुष्पाभ्यां पूजयेत्।

त्रिपुरसुन्दरीपक्षे तु – ऐं ह्रीं श्रीं ऐं क्लीं सौः मुकुन्दाय नमः। ऐं ह्रीं श्रीं ऐं क्लीं सौः ईशानाय नम इत्यादि क्रमेण षट्सु रेखासु पूजयेत्।

ततो होमयन्त्रं कुण्डमध्ये स्थण्डिले वा त्रिकोणं तद्बहिर्वृत्तमष्टदलम्, ततश्चतुर्द्वारयुक्तं भूमन्दिरं विलिख्य, तदुपरि मूलेन पुष्पाञ्जलिं दद्यात्।

सुन्दरीपक्षे – ऐं क्लीं सौः इति पुष्पाञ्जलिं दद्यात्। ततो होमद्रव्यं प्रणवेनाभ्युक्ष्य वह्नियोगपीठमर्चयेत्। यथा – यन्त्रमध्ये ॐ आधारशक्तये नमः। एवं प्रकृत्यै कूर्माय अनन्ताय पृथिव्यै क्षीरसमुद्राय श्वेतद्वीपाय मणिमण्डपाय कल्पवृक्षाय मणिवेदिकायै रत्नसिंहासनाय।

ततोऽग्न्यादिकोणचतुष्टयेषु धर्माय ज्ञानाय वैराग्याय ऐश्वर्याय, पूर्वादिचतुर्दिक्षु – अधर्माय अज्ञानाय अवैराग्याय अनैश्वर्याय, प्रणवादिनमोन्तेन पूजयेत्। मध्ये – अं अनन्ताय पं पद्माय। अं सूर्यमण्डलाय द्वादशकलात्मने नमः। सं सोममण्डलाय षोडशकलात्मने नमः। मं वह्निमण्डलाय दशकलात्मने नमः।

ततः पूर्वादिकेसरेषु मध्ये च – ॐ पीताय। ॐ श्वेतायै। ॐ अरुणायै। ॐ कृष्णायै। ॐ धूम्रायै। ॐ तीव्रायै। ॐ स्फुलिङ्गिन्यै। ॐ रुचिरायै। ॐ ज्वालिन्यै नम इति पूजयेत्। मध्ये रत्नासनाय इति पूजयेत्।

ततो वागीश्वरीं ध्यायेत् – **"वागीश्वरीमृतुस्नातां नीलेन्दीवरलोचनाम्। वागीश्वरेण संयुक्ताम्"** ध्यात्वा, "वागीश्वरवागीश्वरीभ्यां नमः" इति मन्त्रेण पञ्चोपचारैः सम्पूजयेत्। सुन्दरीपक्षे तु कामेश्वरं कामेश्वरीं ध्यात्वा पूजयेत्।

ततः सूर्यकान्तादिसंभूतं श्रोत्रियगेहजं वा वह्निमानीय, वह्निं वौषडन्तेन मूलेनावलोकयेत्। फट्कारेणावाहयेत्।

ततः ॐ वह्नेर्योगपीठाय नम इति संपूज्य, चतुर्दिक्षु – ॐ वामायै नमः। ॐ ज्येष्ठायै नमः। ॐ रौद्र्यै नमः। ॐ अम्बिकायै नम इति पूजयेत्।

ततो मूलमुच्चार्य अमुकदेवताकुण्डाय नमः स्थण्डिलाय नमो वेति सम्पूज्य वागीश्वरीं तत्तद्देवतारूपामृतुमतीं ध्यायेत्। सुन्दरीपक्षे कामेश्वरीम्।

ततो रमित्युच्चार्य, तस्मात्किञ्चिद्वह्निं समुद्धृत्य, मूलं हुं फट् क्रव्यादेभ्यः स्वाहा इति क्रव्यादांशं नैर्ऋतिकोणे त्यजेत्।

ततो मूलेन वीक्षणं कृत्वा, फडिति ताडनं फडिति प्रोक्षणं हुंकारेणाभ्युक्षणं फट्कारेणास्त्रसमुद्रया संरक्षणं हुमित्यवगुण्ठ्य, धेनुमुद्रयाऽमृतीकृत्य, वह्निपात्रं बाहुभ्यामुद्धृत्य, कुण्डोपरि त्रिः परिभ्राम्य, जानुस्पृष्टमहीतले शिववीर्यबुद्ध्या देव्या योनावात्मनोभिमुखं कुण्डे निःक्षिपेत्।

ततः "ह्रीं वह्निमूर्त्तये नमः" इति संपूज्य, "रं वह्निचैतन्याय नमः" इति वह्नौ चैतन्यं संयोज्य, "ॐ चित्पिङ्गल हन हन दह दह पच पच सर्वाज्ञा–ज्ञापय स्वाहा" इति मन्त्रेणाग्निं ज्वालयेत्। ततः

ॐ अग्निं प्रज्वलितं वन्दे जातवेदं हुताशनम्।
सुवर्णवर्णममलं समिद्धं विश्वतोमुखम्॥

–इत्यग्निमुपतिष्ठेत्। "अग्ने त्वममुकदेवता नामाऽसि" इति नामकरणं कृत्वा संपूज्य, "ॐ वैश्वानर जातवेद इहावह लोहिताक्ष सर्वकर्माणि साधय स्वाहा" इति पुष्पाञ्जलिं दद्यात्।

तत एते गन्धपुष्पे ॐ अग्नेर्हिरण्यादिसप्तजिह्वाभ्यो नमः। एवं सहस्रार्चिषे हृदयाय नम इत्यग्निषडङ्गेभ्यो नमः। ॐ अग्नये जातवेदसे इत्याद्यग्न्यष्टमूर्त्तिभ्यो नमः।

एवं ब्राह्म्याद्यष्टशक्तिभ्यो नमः। एवं पद्माद्यष्टनिधिभ्यो नमः। एवं इन्द्रादिदशदिक्पालेभ्यो नमः। ॐ वज्राद्यस्त्रेभ्यो नम इति पूजयेत्।

ततः प्रादेशमात्रं कुशद्वयं घृतमध्ये निःक्षिप्य, वामदक्षिणमध्यभागेषु इडां पिङ्गलां सुषुम्णां ध्यात्वा, होमं कुर्यात्।

मूलात् षडङ्गुलं त्यक्त्वा चतुरङ्गुलमेव च।
प्रकोष्ठे मूलमाच्छाद्य धारयेच्छङ्खमुद्रया॥
हीयते यजमानो वै स्रुवमूलस्य दर्शनात्।
तस्मात्स गोपयेन्मूलं होमकाले स्रुवस्य च॥
अग्रे व्याधिकरं प्रोक्तं मध्ये शोककरं मतम्।
मूले हानिकरं प्रोक्तं स्रुवं सन्धारयेत् कथम्॥
वेदाङ्गुलपरित्यज्य अग्रे च बहिरष्टकम्।
वेदाङ्गुलं तु तन्मध्ये धारयेच्छङ्खमुद्रया॥

यथा – स्रुवेण दक्षिणभागादाज्यं गृहीत्वा, "ॐ अग्नये स्वाहा" इत्यग्नेर्दक्षिणे नेत्रे जुहुयात्। ततो वामभागादाज्यं गृहीत्वा, "ॐ सोमाय स्वाहा" इति वामनेत्रे जुहुयात्। ततो मध्यभागादाज्यं गृहीत्वा, "ॐ अग्नीषोमाभ्यां स्वाहा" इति ललाटे जुहुयात्। पुनर्दक्षिणतो घृतं गृहीत्वा, "ॐ अग्नये स्विष्टकृते स्वाहा" इत्यग्निमुखे जुहुयात्।

ततो व्याहृतिहोमः। ॐ भूः स्वाहा। ॐ भुवः स्वाहा। ॐ स्वः स्वाहा। ॐ वैश्वानर जातवेद इहावह लोहिताक्ष सर्वकर्माणि साधय स्वाहा इति मन्त्रेण वारत्रयं जुहुयात्।

ततोऽग्नौ – "ॐ पीठदेवताभ्यो नमः" इति गन्धपुष्पाभ्यां संपूज्य, देवतामुखे मूलमन्त्रेण पञ्चविंशतिवारं जुहुयात्।

पुनर्मूलमन्त्रेण एकादशवारं हुत्वा संकल्पं कुर्यात् – "अद्येत्यादि अमुकगोत्रः श्रीअमुकदेवशर्मा स्वेष्टदेवताप्रीतिकामः अमुकमन्त्रेणामुकद्रव्यै-रष्टोत्तरशतपरिमितहोमकर्माहं करिष्ये।"

ततो यथासंख्याकं होमं कृत्वा मूलमुच्चार्य, स्वाहेत्यनेन होमं समाप्यावरणदेवतानामाहुतिं दत्वा मूलेन पूर्णाहुतिं दद्यात्।

ततः संहारमुद्रया देवतां स्वहृदयमानीय क्षमस्वेति विसर्ज्य दक्षिणां दद्यात्। "अद्येत्यादि कृतैतदमुकदेवतादीक्षाङ्गहोमकर्मणः प्रतिष्ठार्थं दक्षिणामिदं काञ्चनं स्वेष्टदेवतायै दातुमहमुत्सृजेः" इति दक्षिणां कृत्वां गुरुवे दद्यात्।

तत ऐशान्यां दिशि दधि क्षिप्त्वा "वसुधे त्वं शीतला भव" इति निवेदयेत्।

ततः स्रुवलग्नं भस्म ललाटादिषु धारयेत्।

ततो ब्राह्मणभोजनम्। वस्त्राभरणादिभिः स्वगुरुं सन्तोषयेदिति।

॥ संक्षेपदीक्षाप्रकारः समाप्तः ॥ श्रीरस्तु शुभमस्तु ॥

॥ अथ धारणयन्त्रसंस्कारविधिः ॥

स्वस्वकल्पोक्तद्रव्येण यन्त्रं विलिख्य, पट्टसूत्रेण तन्तुना वा संवेष्ट्य, पञ्चगव्येन प्रक्षाल्य पञ्चामृतेन च प्रक्षाल्य, गन्धोदकेन प्रक्षालनं कुर्यात्। ततः

यन्त्रराजाय विद्महे महायन्त्राय धीमहि।

तन्नो यन्त्रः प्रचोदयात् ॥

– इति गायत्र्या अष्टोत्तरशतं यन्त्रमभिमन्त्रयेत्। ततो यन्त्रदेवतापीठत्वेन यन्त्रं ध्यात्वा, पात्रे संस्थाप्य, तदुपरि स्वेष्टमावाह्य संपूज्य, मूलमष्टोत्तरसहस्रं चाष्टोत्तरशतं वा प्रजपेत्।

ततो होमं कृत्वा, होमसंपाताज्यं यन्त्रे दत्वा, होमं समाप्य दक्षिणां दद्यात्। होमाशक्तौ द्विगुणादिजपं कुर्यात्।

ततः स्वर्णादिबद्धं यन्त्रं शुभदिने विधाय, तदुपरि प्राणप्रतिष्ठामन्त्रेण आं ह्रीं क्रोमित्यादिना प्राणप्रतिष्ठां कृत्वा, कण्ठादिषु धारयेदिति यन्त्रप्रतिष्ठाविधिः।

॥ अथ मालासंस्कारः ॥

तन्नित्यता यामले –

अप्रतिष्ठितमालाभिर्मन्त्रं जपति यो नरः।
तत्सर्वं निष्फलं विद्यात् क्रुद्धा भवति देवता ॥

सनत्कुमारीये –

कार्पाससम्भवं सूत्रं धर्मकामार्थमोक्षदम्।
तच्च विप्रेन्द्रकन्याभिर्निर्मितं च सुशोभनम् ॥

तच्च शक्तिविषयं रक्तं, वैष्णवे पीतं, शैवे श्वेतं ग्राह्यम्।

तत्कृत्यमाह –

त्रिगुणं त्रिगुणीकृत्य ग्रन्थयेच्छिल्पशास्त्रतः।

एकैकं मातृकावर्णं सतारं प्रजपन् सुधीः॥
मणिमादाय सूत्रेण ग्रन्थयेन्मध्यमध्यतः।
ब्रह्मग्रन्थिं विधायेत्थं मेरुं च ग्रन्थिसंयुतम्॥
अश्वत्थपत्रनवकैः पद्माकारं तु कल्पयेत्।
तन्मध्ये स्थापयेन्मालां मातृकां मूलमुच्चरन्॥
क्षालयेत् पञ्चगव्येन सद्योजातेन सज्जलैः।
चन्दनागुरुगन्धाद्यैर्वामदेवेन घर्षयेत्॥
धूपयेत् तामघोरेण तत्पुरुषेण लेपयेत्।
मन्त्रयेत् पञ्चमेनैव प्रत्येकं तु शतं शतम्॥ इति।

अथ प्रथमतः त्रिगुणं त्रिगुणीकृत्य मालां ग्रन्थयेत्। सप्रणवमातृकावर्णान् प्रजपन् मणिमादाय, एकस्य मुखे द्वितीयस्य मुखं संयोज्य, तस्य पुच्छे द्वितीयस्य पुच्छं कृत्वा नवतन्तुकगुणेन ग्रन्थयेत्। तां गोपुच्छाकारां वा सर्पाकारां निर्माय नवाश्वत्थपत्रपद्मे संस्थाप्य संकल्पं कुर्यात् –

"ॐ अद्येत्याद्यमुकगोत्रो अमुकशर्मा स्वेष्टमन्त्रसिद्धिकामोऽमुक-देवतामालासंस्कारमहं करिष्ये। तदङ्गतया गणपत्यादिपूजनमहं करिष्ये।"

ततः समूलमातृकामुच्चरन् पुटकस्थायां मालायां पञ्चगव्यं क्षिपेत्।

मूलं अं मूलं आं मूलमित्यादिना।

ततः सद्योजातमन्त्रेण स्वच्छजलैः क्षालयेत् –

ॐ सद्योजातं प्रपद्यामि सद्योजाताय वै नमः।
भवे भवे नातिभवे भवस्व मां भवोद्भवाय नमः।

ततो वामदेवमन्त्रेण गन्धाद्यैर्लेपयेत्। मन्त्रस्तु –

ॐ वामदेवाय नमो ज्येष्ठाय नमः श्रेष्ठाय नमो रुद्राय नमः कालाय नमः कलविकरणाय नमो बलविकरणाय नमो बलप्रमथनाय नमः सर्वभूतदमनाय नमो मनोन्मनाय नमः।

ततोऽघोरमन्त्रेण तान् धूपयेत्। मन्त्रस्तु –

ॐ अघोरेभ्योऽथ घोरेभ्यो घोरघोरतरेभ्यः।
सर्वेभ्यः सर्वशर्वेभ्यो नमस्तेऽस्तु रुद्ररूपेभ्यः॥

ततः तत्पुरुषमन्त्रेण लेपयेत्। मन्त्रस्तु –

ॐ तत्पुरुषाय विद्महे महादेवाय धीमहि।

तन्नो रुद्रः प्रचोदयात्॥

ततः पञ्चममन्त्रेण प्रत्येकं मणिं शतं शतं मन्त्रयेत्। मेरुमपि मन्त्रयेत्। पञ्चममन्त्रस्तु –

ॐ ईशानः सर्वविद्यानामीश्वरः सर्वभूतानां ब्रह्माधिपतिर्ब्रह्मणोऽधिपतिर्ब्रह्मा शिवो मेऽस्तु सदाशिवोम्।

प्रत्येकं तु सकृद्वा समुदायमालामधिकृत्य, तेन पञ्चममन्त्रेण मालायां शतबारं जपं कुर्यात्।

ततो मालायामावाहनाद्यष्टमुद्राप्रदर्शनपुरःसरं देवतामावाह्य, मूलेन तां सम्पूज्य, मालायाः प्राणप्रतिष्ठां कुर्यात् –

आं ह्रीं क्रों यं रं लं वं शं षं सं ह्रीं ॐ क्षं सं हं सः ह्रीं ॐ हं सः अमुकदेवतामालायाः प्राणा इहप्राणाः। आमित्यादि २० अमुकदेवतामालाया जीव इहस्थितः। आमित्यादि २० अमुकदेवतामालायाः सर्वेन्द्रियाणि। आमित्यादि २० अमुकदेवतामालाया वाङ्मनश्चक्षुःश्रोत्रघ्राणप्राणा इहागत्य सुखं चिरं तिष्ठन्तु स्वाहा।

ॐ क्षं सं हं सः ह्रीं ॐ इति मन्त्रेण प्राणप्रतिष्ठां विधाय, व्युत्क्रमरीत्या प्रत्येकं मणिं स्पृशन् मूलमन्त्रं सकृज्जपेत्। सबिन्दुमेकैकमातृकावर्णञ्च जपेत्। ततः संस्कृतवह्नावष्टोत्तरशतपरिमितहोमं कृत्वा संपाताज्यं मालायां क्षिपेत्।

होमाशक्तौ षोडशोत्तरशतद्वयसंख्याकजपं तया मालया कृत्वा, मूलेन तां पूजयित्वा, अञ्जलिं बध्वा मन्त्रं पठेत् –

त्वां माले सर्वलोकानां सर्वसिद्धिप्रदा मता।

तेन सत्येन मे सिद्धिं देहि मातर्न्नमोस्तु ते॥

– इति प्रणम्य देवताविसर्जनं कुर्यात्।

ततः कस्तूरीकुङ्कुमादिना सुवासितां मालां कृत्वा यत्नेन गोपयेदिति मालासंस्कारः॥

।।अथ मालानिर्णयः।।

तदुक्तं यामले –

पद्मबीजादिभिर्माला वच्मि जाये शृणुष्व ताः।
रुद्राक्षशङ्खपद्माक्षपुत्रजीवकमौक्तिकैः ॥
स्फाटिकैर्मणिरत्नैश्च सौवर्णैर्विद्रुमैस्तथा।
राजतैः कुशमूलैश्च ग्रहस्थस्याक्षमालिका॥
अङ्गुलीगणनादेकं पर्वण्यष्टगुणं भवेत्।
पुत्रजीवैर्दशगुणं शतं शङ्खैः सहस्रकम्॥
प्रवालैर्मणिरत्नैश्च दशसाहस्रकं स्मृतम्।
तदेव स्फाटिकैः प्रोक्तं मौक्तिकैर्लक्षमुच्यते॥
पद्माक्षैर्दशलक्षं स्यात् सौवर्णैः कोटिरुच्यते।
कुशग्रन्थ्या कोटिशतं रुद्राक्षैः स्यादनन्तकम्॥

अथ कामनाभेदेन माला। यथा –

पद्माक्षै रचिता माला शत्रूणां नाशकारिणी।
कुशग्रन्थिमयी माला सर्वपापप्रणाशिनी॥
पुत्रजीवफलक्लृप्ता कुरुते पुत्रसम्पदम्।
प्रवालैर्विहिता माला प्रयच्छेद्विपुलं धनम्॥
(शा. ति. २३.११६-१७, ११९)

त्रिपुरामन्त्रजपादौ रक्तचन्दनबीजादिभिरतिशस्ता। गणेशजपेऽपि रक्तचन्दनमाला प्रशस्ता।

वैष्णवे तुलसी माला गजदन्तैर्गणेश्वरे।
त्रिपुराया जपे शस्ता रुद्राक्षैस्तु च चन्दनैः॥
अकारादि क्षकारान्ता अक्षमाला प्रकीर्तिता।
क्षार्णं मेरुमुखं तत्र कल्पयेन्मुनिसम्मतम्॥
पञ्चाशन्मणिभिर्माला विहिता सर्वकर्मसु।
काम्यामपि करे कुर्यान्मालाभावे स सुन्दरि॥

।। अथ करमाला ।।

सनत्कुमारसंहितायाम् –

अनाम्या मध्यमारभ्य कनिष्ठादित एव तु।
तर्जनीमूलपर्यन्तं दशपर्वसु संजपेत्॥

एतच्च गोपालविषयम्।

अथ शक्तेः करमाला –

पर्वद्वयमनामायाः परिवर्त्तेन वै क्रमात्।
पर्वत्रयं मध्यमायास्तर्जन्येकं समाहरेत्॥
शक्तिमाला समाख्याता सर्वतन्त्रप्रदीपिका।

श्रीविद्यायां विशेषः –

अनामामध्यमायाश्च मूलाग्राच्च द्वयं द्वयम्।
कनिष्ठायाश्च तर्जन्यास्त्रयं पर्व सुरेश्वरि॥
अनामामध्यमायाश्च मेरुः स्याद् द्वितयं शुभे।
प्रादक्षिण्यक्रमेणैव जपेत् त्रिपुरसुन्दरि॥

।इति **यामलीयात्**।

अङ्गुल्यग्रे च यज्जप्तं यज्जप्तं मेरुलङ्घने।
पर्वसन्धिषु यज्जप्तं तत्सर्वं निष्फलं भवेत्॥
जपसंख्या तु कर्तव्याऽनासंख्यातं जपेत्सुधीः।
प्रसंख्याकारकस्यास्य जपो भवति निष्फलः॥
हृदये हस्तमारोप्य तिर्यक् कृत्वा कराङ्गुलीः।
आच्छाद्य वाससा हस्तं दक्षिणेन सदा जपेत्॥
अङ्गुलीर्न विमुञ्चीत किञ्चिदाकुञ्चितेन च।
अङ्गुलीर्न वियोगाच्च छिद्रे च स्रवते जपः॥

कामनाभेदे त्वङ्गुलीनियमः –

तर्जन्यङ्गुष्ठयोगेन शत्रूच्चाटनकारकम्।
अङ्गुष्ठमध्यमायोगान्मन्त्रसिद्धिः सुनिश्चला॥

अङ्गुष्ठानामिकायोगादुच्चाटोत्सादने मते।
ज्येष्ठाकनिष्ठयोगेन शत्रूणां नाशनं मतम्॥
जीर्णे सूत्रे पुनः सूत्रं ग्रन्थयित्वा शतं जपेत्।
प्रमादात्पतिते हस्ताच्छतमष्टोत्तरं जपेत्॥
जपेन्निषिद्धसंस्पर्शे क्षालयित्वा यथोचितम्।

छिन्नेऽप्यष्टोत्तरशतं जपः। छिन्नकरभ्रष्टयोस्तुल्यत्वात्।

॥अथासननियमः॥

काम्यार्थं कम्बलं चैव श्रेष्ठं तद्रक्तकम्बलम्।
कृष्णाजिने ज्ञानसिद्धिर्मोक्षः श्रीर्व्याघ्रचर्मणि॥
कुशासने मन्त्रसिद्धिर्नात्र कार्या विचारणा।
धरण्यां दुःखसम्भूतिर्दौभाग्यं दारुजासने॥
वंशासने तु दारिद्र्यं पाषाणे व्याधिपीडनम्।
तृणासने यशोहानिः पल्लवे चित्तविभ्रमः।
जपध्यानतपोहानिं वस्त्रासनं करोति च।

*अत्र वस्त्रासनं केवलवस्त्रं निषिद्धम्। **"वस्त्रासनं रोगहरम्"** इति विशिष्टफलजनकत्वविधानात्। **"चैलाजिनकुशोत्तरम्"** इति **भगवद्व**चनाच्च।*

॥ इति श्रीमन्मैथिलजीवनाथकृतषट्चक्रविवरण-दीक्षाविधान-मन्त्रसंग्रह-मालासंस्कारादिविधानं सम्पूर्णम्॥ १॥

***

द्वितीयः प्रकाशः

।।पञ्च देवताः।।

गणेशविष्णुसूर्यदुर्गाशिवाः॥

।।पञ्च लोकपालाः।।

गणेशश्चाम्बिका वायुराकाशं चाश्विनौ तथा।
ग्रहाणामुत्तरे पञ्च लोकपालाः प्रकीर्त्तिताः॥

।।दश दिक्पालाः।।

इन्द्रोऽग्निश्च यमश्चैव निर्ऋतिर्वरुणस्तथा।
वायुः सोमश्च गिरिशः पन्नगो नवमः स्मृतः॥
ब्रह्मा पूर्वादितः सर्वे दिक्पालाः समुदीरिताः।
वज्रं शक्तिर्दण्डखड्गौ पाशोऽङ्कुशगदे अपि॥
त्रिशूलपद्मचक्राणि तदस्त्राणि विदुर्बुधाः।

।।षोडश मातृकाः।।

गौरी पद्मा शची मेधा सावित्री विजया जया।
देवसेना सुधा स्वाहा मातरो लोकमातरः॥
हृष्टिः पुष्टिस्तथा तुष्टिस्तथात्मकुलदेवता।

।।अथ पुरश्चरणविधिः।।

योगिनीहृदये –

गुरोराज्ञां समादाय शुद्धान्तःकरणो नरः।
मन्त्रस्य सिद्धिकामेन पुरश्चरणमारभेत्॥
जीवहीनो यथा देही सर्वकर्मसु न क्षमः।
पुरश्चरणहीनोऽपि तथा मन्त्रः प्रकीर्त्तितः॥
तस्मादादौ स्वयं कुर्याद् गुरुं वा कारयेद् बुधः।
गुरोरभावे विप्रं वा सर्वप्राणिहिते रतम्॥

स्त्रियं च सगुणोपेतां सपुत्रां विनियोजयेत्।

तत उत्तरायणे शुक्लपक्षे चन्द्रतारानुकूलेऽह्नि पुरश्क्रियां कर्त्तुं स्थानं चिन्तयेत्।

पुण्यक्षेत्रं नदीतीरं गुहां पर्वतमस्तकम्।
तीर्थप्रदेशं सिन्धूनां सङ्गमं पावनं वनम्॥
उद्यानं रम्यदेशं च बिल्वमूलं तटं गिरेः।
तुलसीकाननं गोष्ठं वृक्षशून्यं शिवालयम्॥
अश्वत्थामलकीमूलं गोशालां जलमध्यतः।
देवतायतनं कूलं समुद्रस्य निजं गृहम्॥
गृहे शतगुणं विद्याद् गोष्ठे लक्षगुणं भवेत्।
कोटिर्देवालये पुण्यमनन्तं शिवसन्निधौ॥
म्लेच्छदुष्टमृगव्याघ्रशङ्कातङ्कविवर्जिते।
एकान्ते पावने निन्दारहिते भक्तिसंयुते॥
स्वदेशे धार्मिके देशे सुभिक्षे निरुपद्रवे।
रम्ये भक्तजनस्थाने निवसेत्तपसः प्रिये॥
एषामन्यतमं स्थानमाश्रित्य जपमाचरेत्।
यत्र ग्रामे जपेन्मन्त्री तत्र कूर्मं विचिन्तयेत्॥

कूर्मस्थानमाह गौतमीये –

जपस्थानभूमिं नवधा कृत्वा पूर्वादिषु कोष्ठेसु कचटतपयशवर्णानन्ते ळक्षाविति विलिख्य, मध्यकोष्ठमपि नवधा विधाय, तत्र पूर्वादिषु स्वरद्वन्द्वं विलिखेत्। क्षेत्रनामादिवर्णो यत्र कोष्ठे दृश्यते तदेव दीपस्थानमिति।

तदभावस्थानमपि तत्रैव –

पर्वते सिन्धुतीरे वा पुण्यारण्ये नदीतटे।
यदि कुर्यात् पुरश्चर्यां तत्र कूर्मं न चिन्तयेत्॥

देवीयामलेऽपि –

कुरुक्षेत्रे प्रयागे च गङ्गासागरसङ्गमे।
महाकाले च काश्यां च दीपस्थानं न चिन्तयेत्॥

ग्रामे वा यदि वा वास्तौ गृहे तं च विचिन्तयेत्।

ततः परिगृहीतक्षेत्रमध्ये कूर्मचक्रमवलोक्य, तस्य मुखे जपमण्डपं कृत्वा, पुरश्चरणं कुर्यादिति।

अथ पुरश्चरणे भक्ष्याभक्ष्यनियमो गौतमीये –

पुरश्चरणकृन्मन्त्री भक्ष्याभक्ष्यं विचिन्तयेत्।
अन्यथाभोजनाद् देवि सिद्धिहानिश्च जायते॥
भुञ्जानोऽपि हविष्यान्नं शाकं यावकमेव च।
पयो मूलं फलं वापि यत्र यत्रोपलभ्यते॥

हविष्यमाह अगस्त्यसंहितायाम् –

दधि क्षीरं घृतं गव्यमैक्षवं गुडवर्जितम्।
तिलाश्चैव सितामुद्गाः कन्दं कैमुकवर्जितम्॥
नारिकेलफलं चैव कदली लवली तथा।
आम्रमामलकं चैव पनसं च हरीतिकीम्।
व्रतान्तरे प्रशस्तं च हविष्यं मन्यते बुधैः॥

*व्रतान्तर इति। **"हैमन्तिकं सितास्विन्नम्"** इत्यादि।*

अथ वर्ज्यानि –

विवर्जयेन्मधु क्षारं लवणं तैलमेव च।
ताम्बूलं कांस्यपात्रञ्च दिवा भोजनमेव च॥

अन्यच्च –

क्षारञ्च लवणं मांसं गृञ्जनं कांस्यभोजनम्।
माषाढकीमसूरञ्च कोद्रवांश्चणकानपि॥
कौटिल्यं क्षौरमभ्यङ्गमनिवेदितभोजनम्।
असंकल्पितकृत्यञ्च वर्जयेन्मर्दनादिकम्॥
स्नायाच्च पञ्चगव्येन केवलामलकेन वा।
मन्त्रजप्तान्नपानीयैः स्नानाचमनभोजनम्॥
कुर्याद् यथोक्तविधिना त्रिसन्ध्यं देवतार्चनम्।
हिक्कां कासं तथा जृम्भां निद्रां च परिवर्जयेत्॥

अथ भोजननियममाह –

जठरं पूरयेदर्द्धमन्नैर्भागं जलेन च।
वायोः सञ्चरणार्थाय चतुर्थमवशेषयेत्॥

अथ परान्ननिषेधः कुलार्णवे –

यस्यान्नपानुष्टाङ्गः कुरुते धर्मसञ्चयम्।
अन्नदातुः फलस्यार्द्धं कर्तुश्चार्द्धं न संशयः॥
तस्मात्सर्वप्रयत्नेन परान्नं परिवर्जयेत्।
पुरश्चरणकाले तु सर्वकर्मसु शाम्भवि॥
जिह्वा दग्धा परान्नेन करौ दग्धौ प्रतिग्रहात्।
मनो दग्धं परस्त्रीभिः कथं सिद्धिर्वरानने॥
(१५.७५-७७)

अत्र परान्नं भिक्षेतरविषयम्।

॥ अथ जपनियमः ॥

उक्तसंख्याजपं कुर्यात् पुरश्चरणसिद्धये।
देवतागुरुमन्त्राणामैक्यं सम्भावयन् धिया॥
जपेदेकमनाः प्रातःकालं मध्यन्दिनावधि।
यत्संख्यया समारब्धं तत्कर्त्तव्यमहर्निशम्॥
यदि न्यूनाधिकं कुर्याद् व्रतभ्रष्टो भवेन्नरः।

कुलार्णवेऽपि –

न्यूनातिरिक्तकर्माणि न फलन्ति कदाचन।
यथाविधि कृतान्येव सत्कर्माणि फलन्ति हि॥
(६.८२)

मुण्डमालातन्त्रेऽपि –

यत्संख्यया समारब्धं तज्जप्तव्यं दिने दिने।
न्यूनाधिकं न कर्तव्यमासमाप्तं सदा जपेत्॥ इति।
(५.६-७)

अथ जपे द्वादशधर्माः। कुलार्णवे –

भूशय्या ब्रह्मचर्यत्वं मौनमाचार्यसेवनम्।
नित्यपूजा नित्यदानं देवतास्तुतिकीर्त्तनम्॥
नैमित्तिकार्चनं चैव विश्वासो गुरुदेवयोः।
जपनिष्ठा द्वादशैते धर्माः स्युर्मन्त्रसिद्धिदाः॥
स्त्रीशूद्रपतितव्रात्यनास्तिकोच्छिष्टभाषणम्।
असत्यभाषणं चैव जपकाले विवर्जयेत्॥

योगिनीतन्त्रे –

असत्यभाषणं वाचं कुटिलां परिवर्जयेत्।
सत्येनापि न भाषेत जपहोमार्चनादिषु॥
वर्जयेद् गीतवाद्यादिश्रवणं नृत्यदर्शनम्।
अभ्यङ्गं गन्धलेपं च पुष्पधारणमेव च॥
त्यजेदुष्णोदकस्नानमन्यदेवप्रपूजनम्।

अन्यदपि तत्रैव –

नैकवासा जपेन्मन्त्रं बहुवस्त्राकुलोऽपि वा।
पतितानामन्त्याजानां दर्शने भाषणे श्रुते॥
क्षुतेऽधोवायुगमने जृम्भणे जपमुत्सृजेत्।
तथा तस्य च तत्प्राप्तौ प्राणायामं षडङ्गकम्॥
कृत्वा सम्यग् जपेच्छेषं यद्वा सूर्यादिदर्शनम्।

आदिशब्दादग्निं ब्राह्मणमपि अवलोकयेत्।

***अथान्य**तन्त्रान्तरे –*

मनःसंहरणं शौचं मौनं मन्त्रार्थचिन्तनम्।
अव्यग्रत्वमनिर्वेदो जपसम्पत्तिहेतवः॥ इति।

अन्यदपि –

उष्णीषी कञ्चुकी नग्नो मुक्तकेशो गणावृतः।
अपवित्रकरोऽशुद्धः प्रलपन्न जपेत् क्वचित्॥

अनासनः शयानो वा गच्छन् भुञ्जान एव वा।
रथ्यायामशिवस्थाने न जपेत् तिमिरालये॥
मार्जारं कुक्कुटं श्वानं क्रोञ्चं शूद्रं खरं कपिम्।
दृष्ट्वाचम्य जपेत् कर्णं स्पृष्ट्वा स्नानं विधीयते॥

एवं जपनियमः सर्वत्र ज्ञेयः। मानसे न दोषकृदिति।

अथ मानसजपे नियमाभावमुपदिशति तत्रैव –

अशुचिर्वा शुचिर्वापि गच्छंस्तिष्ठन् स्वपन्नपि।
मन्त्रैकशरणो विद्वान् मनसैवं सदाऽभ्यसेत्॥
न दोषो मानसे जाप्ये सर्वदेशेऽपि सर्वदा।
जपनिष्ठो द्विजश्रेष्ठोऽखिलयज्ञफलं लभेत्॥

श्रीविद्यादिमन्त्रजपे तु तत्तन्मन्त्रे विशेषो ज्ञेयः।

अथ जपफलमाह सर्वधर्मोत्तरे –

जपनिष्ठो द्विजश्रेष्ठोऽखिलयज्ञफलं लभेत्।
सर्वेषामेव यज्ञानां जायतेऽसौ महाफलः॥
जपेन देवता नित्यं स्तूयमाना प्रसीदति।
प्रसन्ना विपुलान् कामान् दद्यान्मुक्तिञ्च शाश्वतीम्॥
यक्षरक्षःपिशाचाश्च ग्रहाः सर्पाश्च भीषणाः।
जपिनं नोपसर्पन्ति भयभीताः समन्ततः॥
यावन्तः कर्मयज्ञाः स्यु पवित्राणि तपांसि च।
सर्वे ते जपयज्ञस्य कलां नार्हन्ति षोडशीम्॥
माहात्म्यं वाचिकस्यैतज्जपयज्ञस्य कीर्त्तितम्।
तस्माच्छतगुणोपांशुः सहस्रो मानसः स्मृतः॥
मानसः सिद्धिकामानां पुष्टिकाम उपांशुकः।
वाचिको मारणे चैव प्रशस्तो जप ईरितः॥

अथ मानसादिजपलक्षणम् –

धिया यदक्षरश्रेणीं वर्णस्वरपदात्मिकाम्।
उच्चरेदर्थमुद्दिश्य मानसः स जपः स्मृतः॥

जिह्वोष्ठौ चालयेत् किञ्चिद् देवतागतमानसः।
किञ्चिच्छ्रवणयोग्यः स्यादुपांशुः स जपः स्मृतः॥
मन्त्रमुच्चारयेद्वाचा वाचिकः स जपः स्मृतः।

विशुद्धेश्वरतन्त्रेऽपि –

निजकर्णागोचरो यो मानसः स जपः स्मृतः।
उपांशुर्निजकर्णस्य गोचरः परिकीर्त्तितः॥
वाचिकस्तु जनैर्वेद्यस्त्रिविधो जप ईरितः।
उच्चैर्जपाद् विशिष्टः स्यादुपांशुर्दशभिर्गुणैः॥
जिह्वाजपाच्छतगुणः सहस्रो मानसः स्मृतः।

तन्त्रान्तरे च –

उच्चैर्जपोऽधमः प्रोक्त उपांशुर्मध्यमः स्मृतः।
उत्तमो मानसो देवि त्रिविधः कथितो जपः॥
अतिह्रस्वो व्याधिहेतुरतिदीर्घो वसुक्षयः।
अक्षराक्षरसंयुक्तं जपेन्मौक्तिकहारवत्॥
मनसा यः स्मरेत्स्तोत्रं वचसा वा मनुं जपेत्।
उभयं निष्फलं याति भिन्नभाण्डोदकं यथा॥
(कु. त. १५.५४-५६)

अथ मन्त्रस्य प्रभुत्वकारणमाह गौतमीये –

पशुभावे स्थिता मन्त्राः केवला वर्णरूपिणः।
सौषुम्णाध्वनिमन्त्रास्ते प्रभुत्वं यान्ति तज्जपात्॥
मन्त्राक्षराणि चिच्छक्तौ प्रोतानि परिभावयेत्।
तामेव परमे व्योम्नि परमानन्दबृंहिते।
दर्शयत्यात्मसद्भावं पूजाहोमादिभिर्विना॥

कुलार्णवे तु विशेषः –

मनोऽन्यत्र शिवोन्यत्र शक्तिरन्यत्र मारुतः।
न सिद्ध्यति वरारोहे कल्पकोटिशतैरपि॥
(१५.१०१)

अथ मन्त्रस्य सूतकद्वयमाह तत्रैव –

जातसूतकमादौ स्यादन्ते च मृतसूतकम्।
सूतकद्वयसंयुक्तो यो मन्त्रः स न सिद्ध्यति॥
(१५.५७)

ब्रह्मबीजं मनोर्दत्वा चाद्यन्ते परमेश्वरि।
सप्तवारं जपेन्मन्त्रं सूतकद्वयमुक्तये॥

ब्रह्मबीजमोंकारः। सप्तधा प्रणवमादौ प्रजप्य, ततो मन्त्रं जप्त्वा, चान्ते पुनः सप्तधा प्रणवं जपेदिति।

अथान्यत् –

मन्त्रार्थं मन्त्रचैतन्यं योनिमुद्रां न वेत्ति यः।
शतकोटिजपेनापि तस्य सिद्धिर्न्न जायते॥
लुप्तबीजाश्च ये मन्त्रा न दास्यन्ति फलं प्रिये।
मन्त्राश्चैतन्यसहिताः सर्वसिद्धिकराः स्मृताः॥
चैतन्यरहितामन्त्राः प्रोक्ता वर्णास्तु केवलम्।
फलं नैव प्रयच्छन्ति कल्पकोटिशतैरपि॥
मन्त्रोच्चारे कृते यादृक् स्वरूपं प्रथमं भवेत्।
शतैः सहस्रैर्लक्षैर्वा कोटिजप्ते न तत्फलम्॥
हृदये ग्रन्थिभेदश्च सर्वावयववर्द्धनम्।
आनन्दाश्रूणि पुलको देहावेशः कुलेश्वरि।
गद्गदोक्तिश्च सहसा जायते नात्र संशयः॥
सकृदुच्चरितेऽप्येवं मन्त्रं चैतन्यसंयुते।
दृश्यन्ते प्रत्यया यत्र पारम्पर्यं तदुच्यते॥
(कु. त. १५.५९-६४)

अथ मन्त्रसमर्पणप्रकारः

गौतमीये –

एवं जपं पुरा कृत्वा तेजोरूपं समर्पयेत्।
देवस्य दक्षिणे हस्ते कुशपुष्पार्घ्यवारिभिः॥

सफलं तद्विभाव्यैवं प्राणायामं समाचरेत्।
जपस्यादौ जपान्ते च त्रितयं तु समाचरेत्॥

शक्तिपक्षे वामहस्ते जपं समर्पयेत्।

एवं जपं पुरा कृत्वा गन्धाक्षतकुशोदकैः।
जपं समर्पयेद् देव्या वामहस्ते विचक्षणः॥
जपान्ते होमयेन्मन्त्री प्रत्यहं तद्दशांशतः।
तर्पणं चाभिषेकं च तद्दशांशं ततो मुने॥
प्रत्यहं भोजयेद् विप्रान् न्यूनाधिकप्रशान्तये।
अथवा सर्वपूर्त्तौ च होमादिकमथाचरेत्॥

होमाद्यशक्तौ सनत्कुमारीये –

यद्यदङ्गं भवेद् भङ्गं तत्संख्या द्विगुणो जपः।
होमाभावे जपः कार्यो होमसंख्या चतुर्गुणः॥
विप्राणां क्षत्रियाणां च रससंख्यागुणः स्मृतः।
वैश्यानां वसुसंख्यातमेषां स्त्रीणामयं विधिः॥

अत्राप्यशक्तः। तत्प्रकारो योगिनीहृदये –

होमकर्मण्यशक्तानां विप्राणां द्विगुणो जपः।
इतरेषां च वर्णानां त्रिगुणादिसमन्वितः॥

इत्यनेन स्त्रीशूद्रयोर्होमाधिकारः। तच्च ब्रह्मणद्वारैव॥

तथा च तन्त्रान्तरे –

ॐकारोच्चारणाद्धोमाच्छालग्रामशिलार्चनात्।
ब्राह्मणीगमनाच्चैव शूद्रश्चाण्डालतां व्रजेत्॥

इति साक्षान्निषेधात्। तथा ***"प्रणवादिश्च यो मन्त्रो न स्त्रीशूद्रे प्रशस्यते"*** *इति। सर्वत्र स्त्रीणां शूद्रतुल्यता ज्ञेया।*

तथाऽगस्त्यसंहितायाम् –

यदि होमे न शक्तिः स्यात् पूजायां तर्पणेऽपि वा।
तावत्संख्या जपेनैव ब्राह्मणाराधनेन वा॥
भवेदङ्गद्वयेनैव पुरश्चरणकर्मणि।

गुरवे दक्षिणां दत्वा भोजनाच्छादनादपि॥
गुरुसन्तोषमात्रेण मन्त्रसिद्धिर्भवेद् ध्रुवम्।
गुरुर्मूलमिदं सर्वमित्याहुस्तन्त्रवेदिनः।
गुरुरेव परब्रह्म तस्मादादौ तमर्चयेत्॥
तदन्ते महतीं पूजां कुर्यात् साधकसत्तमः।
सुवासिनीं कुमारीं च भूषणैरपि भूषयेत्॥
मिष्टान्नफलमूलैश्च भोजयेत्तां यथाविधिः।
एवं सिद्धमनुर्मन्त्री साधयेत् सकलेप्सितान्॥

अथ ग्रहणकालिकपुरश्चरणविधिस्तत्रैव –

अथवाऽन्यप्रकारेण पुरश्चरणमिष्यते।
ग्रहणेऽर्कस्य चेन्दोर्वा शुचिः पूर्वमुपोषितः॥
नद्यां समुद्रगामिन्यां नाभिमात्रोदके स्थितः।
स्पर्शाद्विमुक्तिपर्यन्तं जपेन्मन्त्रमनन्यधीः॥

नद्यभावे तु तत्रैव –

यद्वा पुण्योदके स्नात्वा शुचिः पूर्वमुपोषितः।
ग्रहणादिविमोक्षान्तं जपेन्मन्त्रं समाहितः॥

मुण्डमालायाम् –

दृष्ट्वा स्नात्वा सुसंकल्पो विमोक्षान्तं जपं चरेत्।
तावद्धोमादिकं कुर्याद् ग्रहणान्ते शुचिः पुमान्॥
एवं जपान्मन्त्रसिद्धिर्भवत्येव न संशयः। इति।

ग्रहणे पुरश्चरणस्य मुख्यतामाह –

श्राद्धादावनुरोधेन त्यजेज्जाप्यं नरो यदि।
स भवेद्देवताद्रोही पितॄन् सप्त नयत्यधः॥
जपयज्ञं परित्यज्य पितृयज्ञं करोति यः।
स भवेद्देवताद्रोही पितॄन् सप्त नयत्यधः॥

सनत्कुमारीयवचनाज्जपस्यावश्यकत्वम्। वस्तुतस्तु आरब्ध-पुरश्चरणविषयकमिदम्।

पौरश्चर्ये समारब्धे तत्र चेद् ग्रहणं भवेत्।

तदा श्राद्धानुरोधेन जपं नैव परित्यजेत्॥

इत्युक्तेः।

अथ पुरश्चरणस्वरूपमाह –

जपहोमौ तर्पणं चाभिषेको विप्रभोजनम्।
पञ्चाङ्गोपासनं लोके पुरश्चरणमिष्यते॥

ग्रहणादौ तु जपमात्रमेव पुरश्चरणम्। अत एव पञ्चाङ्गस्वरूपपुरश्चरणे कृते मुख्यप्रयोगेऽप्यधिकार इति। तदकरणे केवलजपमात्रे पुरश्चरणे नाधिकार इति तत्त्वम्।

अथ पुरश्चरणकालोऽभिहितो वाराहीये –

चन्द्रतारानुकूले च शुक्लपक्षे शुभेऽहनि।
आरभेत पुरश्चर्यां हरौ सुप्ते न चाचरेत्॥
ग्रहणे च महातीर्थे न कालमवधारयेत्।

॥ अथ पुरश्चरणप्रयोगः ॥

तत्र तावद् भूमेः परिग्रहं कृत्वा पुरश्चरणकृन्नरः प्राक्तृतीयदिवसे क्षौरादिकं विधाय, वेदिकायाश्चतुर्दिक्षु क्रोशमात्रं क्रोशद्वयं वा यावदिष्टं वा क्षेत्रं चतुरस्रमाहारादिविहारार्थं परिकल्प्य, कूर्मचक्रानुगुणं मण्डपं विधाय एक भुक्तञ्च कुर्यात्।

ततः परदिने स्नानादिकं विधाय शुद्धःसन् [वेदिकायाश्चतुर्दिक्षु] *अश्वत्थोदुम्बरप्लक्षाणामन्यतमस्य वितस्तिमात्रान् दशकीलकान् "ॐ अस्त्राय फट्" इति मन्त्रेणाष्टोत्तरशताभिमन्त्रितान् दश दिक्षु निखनेत्।*

"ॐ तत्सत् अद्येत्यादि अमुकगोत्रस्यामुकशर्मणो ममैतत्क्षेत्रस्य सकलविघ्नोच्चाटनपूर्वकस्वेष्टमन्त्रसिद्धिकामः पूर्वादिदशदिक्षु कीलारोपणं गणपतिवास्तुपुरुषक्षेत्रपालपूजनं चाहं करिष्ये।"

यथा –

ॐ ये चात्र विघ्नकर्त्तारो दिवि भुव्यन्तरिक्षगाः।
विघ्नभूताश्च ये चान्ये मम मन्त्रस्य सिद्धिषु॥
मयैतत्कीलितं क्षेत्रं परित्यज्य विदूरतः।
अपसर्पन्तु ते सर्वे निर्विघ्नं सिद्धिरस्तु मे॥

इत्यनेन निखन्य तेषु ''ॐ नमः सुदर्शनाय अस्त्राय फट्'' इति मन्त्रेणास्त्रं संपूज्य पूर्वादिक्रमेण इन्द्रादिलोकपालान् पूजयेत्। यथा –

''ॐ भूर्भुवः स्वरिन्द्र लोकपाल इहागच्छ'' इत्यावाह्य, पाद्यादिभिः संपूज्य स्वस्वदिक्षु वह्न्यादिलोकपालान् पूजयेद्यथा। ततो मध्यस्थाने क्षेत्रपालं वास्त्वीशञ्च संपूज्य सर्वविघ्नविनाशार्थं गणपतिं पूजयेत्। यथा –

''ॐ अद्येत्याद्यमुकगोत्रोऽमुकदेवशर्मा मत्कर्त्तव्यामुकमन्त्रपुरश्चरणकर्मणि सर्वविघ्नविनाशार्थं गणेशपूजनमहं करिष्ये।'' इति संकल्प्य वेदिकामध्ये पञ्चोपचारैर्गणेशं पूजयेत्।

उक्तञ्च –

ग्रामे क्रोशमितं स्थानं नद्यादौ स्वेच्छया पुनः।
नगरादावपि क्रोशं क्रोशयुग्ममथापि वा॥
आहारादिविहारार्थं तावतीं भूमिमाक्रमेत्।
क्षेत्रं वा यावदिष्टन्तु विहारार्थं प्रकल्पयेत्॥
क्षीरवृक्षोद्भवान् कीलानस्त्रमन्त्राभिमन्त्रितान्।
निखनेद्दशदिग्भागे तेष्वस्त्रं च प्रपूजयेत्॥
लोकपालान् पुनस्तेषु गन्धाद्यैः पूजयेत् सुधीः।
क्षेत्रपालादिकं तत्र पूजयेद् विधिवत्ततः॥
क्षेत्रेशं वास्तुनामानं विघ्नराजं समर्चयेत्।
दिक्पतिभ्यो बलिं दद्यात् ततः क्षेत्रं समाविशेत्॥

इन्द्र १ अग्नि २ यम ३ निर्ऋति ४ वरुण ५ वायु ६ सोम ७ ईशान ८ ब्रह्मा ९ ऊर्ध्वम् अनन्त १०। अधः इन्द्रेशानयोर्मध्ये ब्रह्माणं पश्चिमनिर्ऋतिकोणयोर्मध्ये अनन्तम्। अथ ततो माषभक्तादिना पूजितदेवताभ्यो बलिं दद्यात्।

ॐ रौद्राय रौद्रकर्माणो रौद्रस्थाननिवासिनः।
मातरोऽप्युग्ररूपाश्च गणाधिपतयश्च ये॥
विघ्नभूताश्च ये चान्ये दिग्विदिक्षु समाश्रिताः।
सर्वे ते प्रीतिमनसः प्रतिगृह्णन्त्विमं बलिम्॥

इत्यनेनाष्टदिक्षु भूतेभ्यो बलिं दद्यात्।

।। ततो भूतबलिदानम् ।।

भूतानि यानीह वसन्ति लोके
बलिं गृहीत्वा विधिवत्प्रयुक्तम्।
अन्यत्र वासं परिकल्पयन्तु
क्षमन्तु तान्यत्र नमोस्तु तेभ्यः॥

इति पठित्वा भूतबलिं दद्यात्।

ततो गायत्रीं जपेत्।

प्रातः स्नात्वा तु गायत्र्याः सहस्रं प्रयतो जपेत्।
ज्ञाताज्ञातस्य पापस्य क्षयार्थं प्रथमं ततः॥

इति ***विद्याधराचार्यः।*** *यत्तु –* ***"प्रातः स्नात्वा तु सावित्र्या अयुतं प्रयतो जपेत्।"*** *तत्पुनरत्यन्तपापशङ्कया संकल्पः। यथा – "ॐ अद्येत्यादि अमुकगोत्रोऽमुकशर्मा ज्ञाताज्ञातपापक्षयकामोऽष्टोत्तरसहस्रगायत्रीजपमहं-करिष्ये।" तत उपवासं हविष्यान्नं वा कुर्यात्।*

ततः परदिने प्रातः स्नात्वा स्वस्तिवाचनपूर्वकं संकल्पं कुर्यात् –

"ॐ तत्सत्। अद्येत्यादि अमुकगोत्रोऽमुकशर्मा अमुकदेवताया अमुकमन्त्रसिद्धिप्रतिबन्धकाशेषदुरितक्षयपूर्वकतत्तन्मन्त्रसिद्धिकामोऽद्यादि यथाकालममुकमन्त्रस्येयत्संख्यजप-तद्दशांशहोम-तद्दशांशतर्पण-तद्दशांशभिषेक-तद्दशांशब्राह्मणभोजनरूपपुरश्चरणमहं करिष्ये।" इति संकल्प्य, भूतशुद्धि-प्राणायामादिकं कुर्यात्।

स्वस्वपद्धत्युक्तक्रमेण देवतां संपूज्य, दीपे प्रज्वलिते देवतां हृदये कृत्वा, प्रातःकालमारभ्य मध्यदिनं यावज्जपं कुर्यात्।

ततो होमस्ततस्तर्पणं ततोऽभिषेकस्ततो ब्राह्मणभोजनं कुर्यात्।

उक्तञ्च कुलार्णवे –

तर्पणं च ततः कुर्यात्तीर्थोदैश्चेन्दुमिश्रितैः।
जले देवं समावाह्य पाद्याद्यैरुपचारकैः॥
संपूज्य विधिवद्भक्त्या परिवारसमन्वितम्।
एकैकाञ्जलितोयेन परिवारान् प्रतर्पयेत्॥
ततो होमं दशांशेन तर्पयेत् परदेवताम्।

।। तर्पणवाक्यं तु ।।

"मूलं नमः। अमुकदेवतां तर्पयामि नमः" इत्यभिषेकवाक्यं तु, "मूलं नमः। अमुकदेवतामहमभिषिञ्चयामि" इति कलशमुद्रया मूर्ध्नि अभिषिञ्चेत्।

तथा च –

नमोन्तं मूलमुच्चार्य तदन्ते देवताभिधाम्।
द्वितीयान्तमहं पश्चादभिषिञ्चाम्यनेन तु।
अभिषिञ्चेत् स्वमूर्द्धानं तोये कुम्भाख्यमुद्रया॥

शक्तिविषये तु –

"मन्त्रान्ते नाम चोच्चार्य सिञ्चयामि नमः पदम्।" इति नीलतन्त्रात्। *मूलममुकदेवतां तर्पयामि नम इति वाक्यम्।*

।। ततो ब्राह्मणभोजनम्। ततो दक्षिणा ।।

"अद्य कृतैतदमुकदेवताया अमुकमन्त्रस्य पुरश्चरणकर्मणः साङ्गतासिध्यर्थं दक्षिणामिदं काञ्चनमग्निदैवतं यथानामगोत्राय गुरवे तुभ्यमहं संप्रददे।" तदभावे तत्पुत्रादिभ्यो देया। ततश्छिद्रावधारणं कुर्यात्।

अथ ग्रहणकालिकपुरश्चरणसंकल्पः –

"अद्येत्याद्यमुकगोत्रोऽमुकशर्मा राहुग्रस्ते दिवाकरे निशाकरे वा अमुकदेवताया अमुकमन्त्रसिद्धिकामो ग्रासाद्विमुक्तिपर्यन्तं जपरूप-पुरश्चरणमहं करिष्ये" इति संकल्प्य जपेत्।

तद्दिने तत्परदिने वा स्नानादिकं विधाय,

"ॐ अद्येत्याद्यमुकमन्त्रस्य कृतैतद्ग्रहणकालीये यत्संख्याकजप-तद्दशांशहोम-तद्दशांशतर्पण-तद्दशांशाभिषेक-तद्दशांशब्राह्मणभोजनकर्माण्यहं करिष्ये" इति संकल्प्य होमादिकं कुर्यात्। दक्षिणादानं तु पूर्ववत्।

॥ इति दीक्षाप्रकाशे पुरश्चरणप्रकारः ॥ २ ॥

***

तृतीयः प्रकाशः

॥ मन्त्राणां संस्काराः ॥

अथ पुरश्चरणे कृतेऽपि यदि मन्त्रसिद्धिर्न स्यात्तदा मन्त्रस्य दशसंस्काराः कर्तव्याः। तथा कृतेऽपि यदि मन्त्रसिद्धिर्न्न भवति तदा द्रावणादिकं कुर्यात्।

तदुक्तं महातन्त्रे –

द्रावणं बोधनं वश्यं पीडनं शोषणपोषणे।
दहनं च बुधः कुर्यात् तदा सिद्धो भवेन्मनुः॥

अथैषां प्रयोगो यथा। तत्रादौ द्रावणप्रयोगः –

वमति वरुणबीजग्रथितं मूलमन्त्रं कुङ्कुमगोरोचनमनःशिलोशीरैः पूजाचक्ररूपयन्त्रमध्ये विलिख्य, कस्मिंश्चित्पात्रे दुग्धघृतमधुजलान्येकीकृत्य, तत्र यन्त्रं निधाय पूजाजपहोमादिकं कुर्यात्। ततो मन्त्रः सिद्धो भवति।

अथ ग्रन्थनप्रकारः –

एको मन्त्रस्य वर्णः स्यात् ततो नामाक्षरं पुनः।
मन्त्रार्णो नाम वर्णश्चेत्येवं ग्रन्थनमीरितम्॥

एवं कृत्वा जपेत् १०८। ततः सिद्धो भवति।

अथ बोधनम् –

वाग्भवबीजेन ऐमितिबीजेन संपुटितं मूलमन्त्रं जपेत्। यथा – ऐं रां रामाय नमः ऐं। इति बोधनम्।

अथ वशीकरणम् –

भूर्जपत्रे रक्तचन्दनदारुहरिद्राकस्तूरीमनःशिलाभिर्मूलमन्त्रमालिख्य कण्ठे सन्धार्य जपेत्।

अथ पीडनम् –

तत्राधरोत्तरभावेन मन्त्रपदानि मन्त्राक्षराणि प्रजप्य, अधरोत्तरभावेन देवं ध्यात्वा, अर्कदुग्धेन यन्त्रमालिख्य तत्पादेनाक्रम्याधरोत्तरपठितमन्त्रेण जुहुयात्।

अथ पोषणम् –

बालातृतीयबीजं सौः इति बीजेन पुटितं मन्त्रं मधुगोदुग्धाभ्यां भूर्जादौ विलिख्य धारयेत्।

अथ शोषणम् –

तत्र यज्ञभस्मना वायुबीजविदर्भितं मूलं विलिख्य कण्ठे धारयेत्।

विदर्भणं यथा – यं यं रां यं यं रा यं यं मा यं यं य यं यं न यं यं मः यं यं इति।

आदौ मन्त्राक्षरद्वन्द्वमेकं नामाक्षरतं ततः।
एवं पुनः पुनः प्रोक्तो विदर्भो मन्त्रवित्तमैः॥ **इति।**

अथ दहनम् –

पालाशबीजतैलेन वह्निबीजसंपुटितमन्त्रस्य एकैकमक्षरम्,

मातृकार्णैः पुटीकृत्य मन्त्रविद्यां विशेषतः।
शतमष्टोत्तरं पूर्वं प्रजपेत् कुलसिद्धये॥
मातृकापुटितं कृत्वा मध्ये वर्णं निधाय च।
मन्त्रवर्णास्ततः कुर्याद्बोधनं मन्त्रसंमतम्॥

"तारसंपुटितो वापि दुष्टमन्त्रोऽपि सिद्ध्यति" *इत्यन्यः प्रकारः।*

टिप्पणम् – विलिख्य प्रतिवर्णं चाधश्चोर्ध्वञ्च वह्निबीजमालिख्य कण्ठे धारयेदिति। एवं भूर्जे विलिख्य धारयेदिति।

तदुक्तञ्च महातन्त्रे –

द्रावणं बोधनं वश्यं पीडनं पोषणशोषणे।
दहनं च बुधः कुर्यात् ततः सिद्धो भवेन्मनुः॥
द्रावणं वरुणबीजेन ग्रथनं क्रमयोगतः।
तन्मन्त्रं यन्त्र आलिख्य शिलाकर्पूरकुङ्कुमैः॥
उशीरगोरोचनाभ्यां च मन्त्रं संग्रथितं लिखेत्।
क्षीराज्यमधुतोयानां मध्ये तं लिखितं क्षिपेत्॥
पूजनाज्जपनाद्धोमाद् द्रावितः फलदो भवेत्।
द्रावितोऽपि न सिद्धश्चेद् बोधनं तस्य कारयेत्॥

बालातृतीयबीजे ससंपुटीकृत्य तं जपेत्।
एवं बुद्धो भवेत्सिद्धो नो चेत्तस्य वशं कुरु॥
कुचन्दनं तथा दारु हरिद्रा मदनं शिला।
एतैस्तु लिखितो मन्त्रो भूर्जपत्रे सुशोभने॥
कण्ठे धृतो भवेत्सिद्धो नो चेत्संताडनं कुरु।
अधरोत्तररूपेण पदानि परिजप्य वैः॥
ध्यायीत देवतां तद्वदधरोत्तररूपिणीम्।
विद्यामादित्यदुग्धेन लिखित्वाक्रम्य चाङ्घ्रिणा॥
तथाभूतेन मन्त्रेण होमः कार्यो दिने दिने।
पीडितो लज्जयाविष्टः सिद्धश्चेन्न हि शोषयेत्॥
बालातृतीयबीजेन पुटितं दुग्धमध्यतः।
धारयेल्लिखितं मन्त्रमथवा शोषणं चरेत्॥
द्वाभ्यां च वायुबीजाभ्यां लिखेन्मन्त्रं विदर्भितम्।
तद्यज्ञभस्मना कण्ठे धारयेदपि साधकः॥
नो चेद् दाह्योग्निबीजेन सिद्ध्यर्थं परमेश्वरि।
मन्त्रार्णान् वह्निबीजेन चतुर्दिक्षु समावृतान्॥
लिखेत् पालाशतैलेन धारयेत् कण्ठदेशतः।
सिद्धः स्यान्नात्र सन्देहो मन्त्र इत्याह शंकरः॥

॥इति श्रीमत्मैथिलजीवनाथकृते दीक्षाप्रकाशे
स्वेष्टमन्त्रसिद्धिकथनं सम्पूर्णम्॥ ३॥

***

चतुर्थः प्रकाशः

॥ अथ पञ्चायतनीपूजाः ॥

यामले –

भवानीं तु यदा मध्ये ऐशान्यामच्युतं यजेत्।
आग्नेयां पञ्चवक्त्रं च नैर्ऋते गणनायकम्।
वायव्यां तपनं चैव पूजाक्रम उदाहृतः॥ १॥
मध्ये यदा तु गोविन्दमैशान्यां शंकरं यजेत्।
आग्नेयां गणनाथं च नैर्ऋत्यां तपनं तथा।
वायव्यामम्बिकां चैव भोगमोक्षप्रदायिकाम्॥ २॥
शंकरं तु यदा मध्ये ऐशान्यामच्युतं यजेत्।
आग्नेयां तपनं चैव नैर्ऋत्यां गणनायकम्।
वायव्यामम्बिकाञ्चैव स्वर्गमोक्षप्रदायिनीम्॥ ३॥
आदित्यं तु यदा मध्ये ऐशान्यां शंकरं यजेत्।
आग्नेयां गणनाथं च नैर्ऋत्यां केशवं तथा।
वायव्यामम्बिकादेवीं स्वर्गसाधनभूमिकाम्॥ ४॥
गणनाथं यदा मध्ये ऐशान्यां केशवं यजेत्।
आग्नेयामीश्वरं चैव नैर्ऋत्यां तपनं तथा।
वायव्यां पार्वतीं चैव पूजयेन्मोक्षसाधिनीम्॥ ५॥

अत्र पूज्यपूजकयोर्मध्ये प्राची ज्ञेया। देवतापृष्ठे पश्चिमा दिक्, देवतादक्षे दक्षिणा, देवतावामे उत्तरा ज्ञेया।

पूज्यपूजकयोर्मध्ये प्राची ज्ञेया विचक्षणैः।
पश्चिमा देवतापृष्ठे तद्दक्षे दक्षिणा भवेत्।
उत्तरा च भवेद्वामे देवतायाः सुरेश्वरि॥

तथा च गणेशविमर्शिन्याम् –

शम्भौ मध्यगते हरीनहरभूदेव्यो हरौ शंकरे
भास्ये नागसुता रवौ हरगणेशाजाम्बिकाः स्थापिताः।

देव्यां विष्णुहरैकदन्तरवयो लम्बोदरेऽजेश्वरे
नार्याः शंकरभागतोऽपि शुभदा व्यस्ताश्च ते हानिदाः॥ इति।

अथ षोडशोपचारदशोपचारपञ्चोपचाराः। यथा –

आसनं स्वागतं पाद्यमर्घ्यमाचमनीयकम्।
मधुपर्काचमनस्नानं वसनाभरणानि च॥
सुगन्धिः सुमनो धूपदीपनैवेद्यचन्दनम्।
प्रयोजयेदर्चनायामुपचारास्तु षोडश॥

कालिकापुराणे षोडशोपचारनियमः –

आसनं पाद्यमर्घ्यं च ततः आचमनीयकम्।
मधुपर्कं स्नानजलं वस्त्रं चन्दनभूषणम्॥
पुष्पं धूपं च दीपं च नेत्राञ्जनमतः परम्।
नैवेद्याचमनीये च प्रदक्षिणनमस्क्रिये॥
एते षोडश निर्दिष्टा उपचारास्तु पूर्वतः।

अथ दशोपचारनियमः –

पाद्यमर्घ्यमाचमनीयं गन्धपुष्पं च धूपकम्॥
दीपं नैवेद्यमित्याहुः पुनराचमनीयकम्।
ताम्बूलं च ततो दद्यात् पूजायां सर्वतः सदा॥

अथ पञ्चोपचाराः –

अर्घ्यो गन्धं च पुष्पं च नैवेद्याचमनं तथा।
द्रव्याभावे तूपचारं पुष्पैः सर्वं प्रकल्पयेत्॥

अत्र षोडशोपचाराभावे दशोपचाराः, तदभावे पञ्चोपचाराः, तदभावे पुष्पैः सर्वं प्रकल्पयेत्।

पुष्पदानविधिः –

पुष्पं वा यदि वा पत्रं फलं नेष्टमधोमुखम्।
दुःखदं तत्समाख्यातं यथोत्पन्नं तथार्पयेत्॥ इति।
पुष्पाञ्जलौ न दोषः स्यादित्युक्तं शम्भुनाऽर्चने।

अर्घ्यादिपात्रनियममाह गौतमः –

अर्घ्यस्य त्रीणि पात्राणि पाद्यस्यापि त्रयं भवेत्।
तथैवाचमनीयस्य पात्राणि च विभागशः॥
तथा करणदौर्बल्यादेकमेव प्रशस्यते।

किन्तु सामान्यविशेषार्घ्यद्वयस्यावश्यकत्वम्। तथा च ***तन्त्रान्तरे*** –

एकपात्रं न कर्त्तव्यं यदि साक्षान्महेश्वरः।
मन्त्राः पराङ्मुखा यान्ति आपदश्च पदे पदे।
इह लोके दरिद्रः स्यान्मृतश्च नरकं ब्रजेत्॥

अथार्घ्यजलेऽष्टगन्धदानस्यावश्यकत्वम्।

॥ गन्धाष्टकम् ॥

उक्तञ्च **शारदायाम्** –

गन्धाष्टकमिदं दद्यादर्घ्यपात्रं प्रयत्नतः।
गन्धाष्टकं तु त्रिविधं शक्तिविष्णुशिवात्मकम्॥
चन्दनागुरुकर्पूरचोरकुङ्कुमरोचनाः।
जटामांसीकपियुताः शक्तेर्गन्धाष्टकं विदुः॥
चन्दनागुरुह्रीवेरकुष्ठकुङ्कुमसेव्यकाः।
जटामांसीमुरमिति विष्णोर्गन्धाष्टकं स्मृतम्॥
चन्दनागुरुकर्पूरतमालजलकुङ्कुमम्।
उशीरं कुष्ठसंयुक्तं शैवं गन्धाष्टकं विदुः॥ इति।
(४.७९-८१)

अर्घ्यं दिशेत् ततो मूर्ध्नि शिरोमन्त्रेण देशिकः।
वारुणेन च मन्त्रेण दद्यादाचमनीयकम्॥
स्वधेत्याचमनीयं च त्रिवारं मुखपङ्कजे।
स्वधेति मधुपर्कं च पुनराचमनीयकम्॥

अथ षडङ्गधूपमाह। तन्त्रान्तरे –

सिताज्यमधुसंमिश्रं गुग्गुल्वगुरुचन्दनम्।
षडङ्गो धूप एषोऽस्ति सर्वदेवप्रियः सदा॥

अथ दशाङ्गोधूपः –

मधुमुस्ताघृतं गन्धो गुग्गुल्वगुरुशैलजम्।
सरलं सिह्लसिद्धार्थौ दशाङ्गो धूप इष्यते॥

अथ यामले गन्धपुष्पभूषणदीपदानप्रकारः –

निवेदयेत् पुरोभागे गन्धं पुष्पञ्च भूषणम्।
दीपं दक्षिणतो दद्यात् पुरतो वा न पृष्ठतः॥ इति।
वामतस्तु तथा धूपमग्रे वा न च दक्षिणे।
नैवेद्यं दक्षिणे भागे पुरतो वा न पृष्ठतः॥

अत्र वामदक्षिणभागो देवताया न तु साधकस्येति। ***"धूपदीपौ सुभोज्यं च देवताग्रे निवेदयेत्"*** *इति दर्शनात्।*

अथ घृतयुक्तं दक्षिणे, तैलयुक्तं वामे। एवं सिता वर्त्तिश्चेद् दक्षिणे, रक्ता चेद्वामे प्रशस्ता भवति। तथा च ***यामले –***

दीपं दक्षे घृतयुतं तैलं युक्तं च वामतः।
दक्षिणे च सिता वर्त्तिर्वामतो रक्तवर्त्तिका॥
पक्वापक्वविभागेन नैवेद्येष्विति संस्थितिः।
पुरतो नियमो नास्ति दीपनैवेद्ययोः क्वचित्॥

पक्वं दुग्धं च देवता वामे स्थापयेत्। अपक्वमामान्नं दक्षिणे स्थापयेत्।

ततो दण्डवत्प्रणमेदिति।

॥ अथ षोडशोपचाराणां पौराणिका मन्त्राः ॥

यथा –

तत्रादावासनमन्त्रः –

भवानि त्वं महादेवि सर्वसौभाग्यदायिके।
अनेकरत्नसंयुक्तमासनं प्रतिगृह्यताम्॥

अथ पाद्यस्य –

सुचारुशीतलं दिव्यं नानागन्धसमन्वितम्।
गृहाण देवदेवेशि महादेवि नमोऽस्तु ते॥

अथार्घ्यस्य –

शिवप्रिये महाभागे शंकरप्रियवादिनि।
अर्घ्यं गृहाण कल्याणि कृपया परमेश्वरि॥

तत आचमनमन्त्रः –

पवित्रं जलमानीतं सुवर्णकलशे स्थितम्।
आचम्यतां महाभागे हरेण सहितेऽनघे॥

अथ स्नानमन्त्रः –

गङ्गा-सरस्वती-रेवा-कावेरी-नर्मदाजलैः।
स्नापिताऽसि मया देवि तथा शान्तिं प्रयच्छ मे॥

अथ वस्त्रस्य –

सर्वसत्त्वाधिके रम्ये लोकलज्जानिवारणे।
मयोपपादिते तुभ्यं वाससी प्रतिगृह्यताम्॥

अथ चन्दनस्य –

कर्पूरागुरुसंघृष्टं कुङ्कुमादिसमन्वितम्।
कस्तूरिकासमायुक्तं चन्दनं प्रतिगृह्यताम्॥

अथाक्षतमन्त्रः –

रञ्जिताः कुसुमौघेन अक्षताश्चातिशोभनाः।
ममैषां देवि दानेन प्रसन्ना भव पार्वति॥

अथ भूषणमन्त्रः –

भूषणानि विचित्राणि मणिमुक्तामयानि वै।
गृहाण परया प्रीत्या सर्वकामप्रदायिनि॥

अथ पुष्पस्य –

सन्मल्लिकावकुलचम्पकपाटलाब्ज-
पुन्नागजातिकरवीररसालपुष्पैः।
विल्वप्रवालविविधामलमालतीभि-
स्त्वां पूजयामि जगदीश्वरि मे प्रसीद॥

अथ धूपमन्त्रः –

देवद्रुमरसोद्भूतः कालागुरुसमन्वितः।
आनीतोऽयं मया धूपो भवानि प्रतिगृह्यताम्॥

अथ दीपस्य –

त्वं ज्योतिः सर्वदेवानां तेजसां तेज उत्तमम्।
आत्मज्योतिः परं धाम दीपोऽयं प्रतिगृह्यताम्॥

अञ्जनदानमन्त्रः –

नेत्रद्वयं महादेवि भूषयामलकज्जलैः।
सुरासुरकृपाराशे मां पाहि परमेश्वरि॥

अथ नैवेद्यस्य –

अन्नं च विविधं स्वादु रसैः षड्भिः समन्वितम्।
भक्ष्यभोज्यसमायुक्तं नैवेद्यं प्रतिगृह्यताम्॥

तत आचमनीयं पूर्ववत्।

अथ ताम्बूलमन्त्रः –

कर्पूरैलालवङ्गादि ताम्बूलदलसंयुतम्।
क्रमुकस्य फलं चैव ताम्बूलं प्रतिगृह्यताम्॥

तत आरार्त्तिकं दद्यात् –

चन्द्रादित्यौ च धरणी विद्युदग्निस्तथैव च।
त्वमेव सर्वतेजांसि आर्त्तिक्यं प्रतिगृह्यताम्॥

॥ इति पौराणिकषोडशोपचाराः ॥

॥ अथ तान्त्रिकषोडशोपचारनियमः ॥

तत्रादौ स्वागतवाक्यम् –

कृतार्थोऽनुगृहीतोऽस्मि सफलं जीवितं मम।
आगता देवदेवेशि सुस्वागतमिदं पुनः॥

अथ पाद्यम् –

श्यामाकविष्णुक्रान्ताब्जदूर्वाः पाद्यजले क्षिपेत्।
मूलश्लोकैर्नमोमन्त्रैः पाद्यं पादाम्बुजेऽर्पयेत्॥
यद्भक्तिलेशसंपर्कात् परमानन्दसम्भवः।
तस्मैते चरणाब्जाय पाद्यं संकल्पयाम्यहम्॥

अथाचमनम् –

तत्र लवङ्गजातिकङ्कोलं प्रक्षिप्य मुखे दद्यात्। मन्त्रः –

वेदानामपि वेदाय देवानां देवतात्मने।
आचामं कल्पयामीशे शुद्धानां शुद्धिहेतवे॥

अथार्घपात्रे दूर्वातिलदर्भसर्षपाक्षतपुष्पाणि दत्वाऽर्घ्यं प्रकल्पयेत्। मूर्ध्नि। मन्त्रो यथा –

तापत्रयहरं दिव्यं परमानन्दलक्षणम्।
तापत्रयविनिर्मुक्तं तवार्घ्यं कल्पयाम्यहम्॥

अथ मधुपर्कमन्त्रः –

सर्वकालुष्यहीनायै परिपूर्णसुखात्मने।
मधुपर्कमिदं देवि कल्पयामि प्रसीद मे॥

पुनराचमनमन्त्रः –

उच्छिष्टोऽप्यशुचिर्वापि यस्य स्मरणमात्रतः।
शुचिमाप्नोति तस्यैते पुनराचमनीयकम्॥
स्नानवस्त्रोपवीतान्ते नैवेद्यान्तेऽपि तत्स्मृतम्।
पाद्यादिद्रव्याभावे तु तत्स्मरन्नक्षतान् क्षिपेत्॥

अथ गन्धतैलदानमन्त्रः –

स्नेहं गृहाण स्नेहेन भक्तानामर्थसिद्धिदे।
सुरासुरार्चिते देवि ददामि स्नेहमुत्तमम्॥

अथ स्नानम् –

परमानन्दबोधाब्धेर्दयार्द्रे सुरपूजिते।
साङ्गोपाङ्गमिदं स्नानं कल्पयामि हरप्रिये॥

ततः सहस्रमुख्येन शतं वा शक्तितोऽपि वा।
गन्धयुक्तजलैर्देवीमभिषिञ्चेन्मनुं जपन्॥

ततः –

वदन् मूलं ततः श्लोकौ दद्याद् वस्त्रोपवीतके।
नानारागविचित्रं तु मुक्तामणिसमाकुलम्॥
निवारणविज्ञानं वासस्ते कल्पयाम्यहम्।
यमाश्रित्य महामायां जगत्संमोहिनी सदा।
तस्यैते परमेश्वर्यै कल्पयाम्युत्तरीयकम्॥

अथ भूषणमन्त्रः –

नानाशक्त्याश्रये देवि सुन्दराङ्गि सुरेश्वरि।
भूषणानि विचित्राणि कल्पयाम्यमरार्चिते॥

अथ गन्धमन्त्रः –

पात्रस्थं गन्धं कनिष्ठयाऽर्पयेत्। अनेन –

परमानन्दसौरभ्यपरिपूर्णदिगन्तरे ।
गृहाण परमं गन्धं कृपया परमेश्वरि॥

अयं गन्धोऽमुकदेवतायै नमः। ततः कनिष्ठाङ्गुष्ठाभ्यां गन्धमुद्रां प्रदर्शयेत्।

ततः पुष्पमन्त्रः। मूलमुच्चार्य पुष्पाण्यादाय,

तुरीयवनसम्भूतं नानागुणमनोहरम्।
अमन्दसौरभं पुष्पं गृह्यतामिदमद्भुतम्॥

एतानि पुष्पाणि अमुकदेवतायै वौषट्। ततस्तर्जन्यङ्गुष्ठाभ्यां पुष्पमुद्रां दर्शयेत्।

अथ विशेषः –

अक्षतानर्कधत्तूरौ विष्णौ नैवार्पयेत् सुधीः।
बन्धूकं केतकीं कुन्दं केसरं कुटजं जपाम्॥
शंकरे नार्पयेद् विद्वान् मालतीं यूथिकामपि।
शक्तौ दूर्वार्कमन्दारान् मालूरं तगरं रवौ॥
विनायके तु तुलसीं नार्पयेज्जातुचिद् बुधः।

एवं पुष्पपूजां विधाय, आवरणदेवतार्चनं कुर्यात्। तत आवरणदेवतार्चनं समर्पयेदनेन –

अभीष्टसिद्धिं मे देहि शरणागतवत्सले।
भक्त्या समर्पये तुभ्यमिदमावरणार्चनम्॥ इति।

ततः करं प्रक्षाल्य उपचारान्तरं कल्पयेत्। ततो देवतावामभागे धूपपात्रं स्थापयेत्। ततो धूपपात्रं फडिति प्रक्षाल्य, नम इति पुष्पं दत्वा, वामतर्जन्या संस्पृश्य, मूलं श्लोकं च –

वनस्पतिरसो दिव्यो गन्धाढ्यो गन्ध उत्तमः।
आघ्रेयः सर्व देवानां धूपोऽयं प्रतिगृह्यताम्॥

*इति पठित्वा साङ्गायै सपरिवारायै स्वेष्टदेवतायै धूपं समर्पयामि नम इति शङ्खजलं भूमौ प्रक्षिप्य तर्जन्यङ्गुष्ठयोगेन धूपमुद्रां प्रदर्श्यः। "***जयध्वनि***मातः स्वाहा"*

इति घण्टां संपूज्य, वामहस्तेन तां वादयन् देवतागुणान् कीर्त्तयन् दक्षिणहस्तेन देवतां नाभिदेशतो धूपयेत्।

अथ दीपविधिः –

देवस्य दक्षिणे भागे घृतदीपः, देवतावामभागे तैलदीपः स्थाप्यः। ततो दीपपात्रं फडिति संप्रोक्ष्य, नम इति पुष्पं दत्वा, वाममध्यमया स्पृशन् मूलमुच्चार्य,

स्वप्रकाशो महान्दीपः सर्वत्र तिमिरापहः।
सबाह्याभ्यन्तरं ज्योतिर्दीपोऽयं प्रतिगृह्यताम्॥

साङ्गायै सपरिवारायै अमुकदेवतायै दीपं दर्शयामि नमः। शङ्खस्थजलं भूमौ प्रक्षिप्य, मध्यमाङ्गुष्ठयोगेन दीपमुद्रां प्रदर्श्य, पूर्ववद्घण्टां वादयन् नेत्रादिपादान्तं दीपं प्रदर्शयेत्।

अथ नैवेद्यदानम् –

नैवेद्यं पात्रे निधाय, मूलेन संप्रोक्ष्य, चक्रमुद्रयाभिरक्ष्य, द्वादशवारं वायुबीजाभिमन्त्रितैर्जलैः प्रोक्ष्य, तदुत्थवायुना तद्दोषं संशोष्य, दक्षिणकरतले वह्निबीजं विचिन्त्य, तत्पृष्ठलग्नं वामकरतलं कृत्वा, तदुत्थाग्निना नैवेद्यदोषं संदह्य, वामकरे अमृतं ध्यात्वा, वामपृष्ठे दक्षिणकरं कृत्वा प्रदर्श्य, तदखिलममृतात्मकं ध्यात्वा, तत्स्पृष्ट्वा, मूलमन्त्रमष्टधा जप्त्वा धेनुमुद्रां प्रदर्श्य,

जलगन्धपुष्पैरभ्यर्च्य, देवतायै पुष्पाञ्जलिं समर्प्य, तन्मुखात्तेजोविनिर्गतं ध्यात्वा, वामाङ्गुष्ठेन नैवेद्यपात्रं स्पृष्ट्वा, दक्षिणेन गृहीत्वा, मूलमुच्चार्य,

"सत्पात्रसिद्धं सुहविर्विविधानेकभक्षणम्।
निवेदयामि देवेशि सानुगात्वं गृहाण तम्॥"

इति श्लोकं संजप्य, "साङ्गायै सपरिवारायै श्रीमदमुकदेवतायै नैवेद्यं समर्पयामि नमः" इति जलमुत्सृज्य, अङ्गुष्ठानामिकाभ्यां नैवेद्यमुद्रां दर्शयेत्। ततः "अमृतोपस्तरणमसि स्वाहा" इति देव्या हस्ते जलं दद्यात्। ततो वामकरेण विकचोत्पलसदृशीं ग्रासमुद्रां प्रदर्श्य, दक्षिणकरेण समन्त्रकं प्राणादिमुद्रां प्रदर्शयेत्। यथा –

ॐ प्राणाय स्वाहा – अङ्गुष्ठकनिष्ठानामिकाभिः।

ॐ अपानाय स्वाहा – अङ्गुष्ठतर्जनीमध्यमाभिः।

ॐ व्यानाय स्वाहा – अनामामध्यमाङ्गुष्ठैः।

ॐ उदानाय स्वाहा – अङ्गुष्ठतर्जनीमध्यमानामाभिः।

ॐ समानाय स्वाहा – सर्वाभिरिति।

अथ ब्रह्मेशाद्यैः स्तुतां देवकन्याभिः सुधांशुचामरैः परिवीज्यमानां भोक्तृगणान् हासयन्तीं देवीं ध्यायेत्। अत्रावसरे पूजाङ्गहोमं कुर्यात्।

अथ होमस्य नित्यता सोमभुजगावल्याम् –

नाजप्तः सिद्ध्यते मन्त्रो नाहुतश्च फलप्रदः।
नानिष्टो यच्छते कामान् तस्मात् त्रितयमर्चयेत्॥
पूजया लभ्यते पूजा जपात्सिद्धिर्न्न संशयः।
विभूतिश्चाग्निकार्येण सर्वसिद्धिश्च विन्दति॥

तदुक्तम् –

स्थण्डिलेऽग्निमुपाधाय वैश्वदेवक्रियां चरेत्।
मूलेन वीक्ष्य चास्त्रेण कृत्वा प्रोक्षणताडनम्॥
कुशैस्तद्वर्मणाभ्युक्ष्य पूर्ववत्स्थापयेच्छचिम्।
तन्मन्त्रेण तमभ्यर्च्य स्थाप्य तत्रेष्टदेवताम्॥
पूजयेद् गन्धपुष्पैस्तां महाव्याहृतिभिस्ततः।

हुत्वा व्यस्तसमस्ताभिराहुतीनां चतुष्टयम्॥
अन्नैर्मूलेन जुहुयात् पञ्चविंशतिसंख्यया।
पुनर्व्याहृतिभिर्हुत्वा मूर्त्तौ देवीं नियोजयेत्॥
वह्निं विसृज्य देवाय दद्यादाचमनीयकम्॥ इति।

अथ तत्रात्मदक्षिणहस्तप्रमाणं चतुरङ्गुलमुन्नतं स्थण्डिलं कृत्वा, मूलेन वीक्ष्य, फडिति प्रोक्ष्य, तैरेव कुशैः संताड्य, हुमिति मन्त्रेणाभ्युक्ष्य, मूलेनाग्निमादाय, तदंशं गृहीत्वा, नैर्ऋतकोणे "ॐ क्रव्यादेभ्यो नमः" इति क्षिपेत्।

ततो मूलेनाग्निं स्थापयित्वा, वमित्यमृतीकृत्य, हुमित्यवगुण्ठ्य, फडिति संरक्ष्य,

"ॐ वैश्वानर जातवेद इहावह लोहिताक्ष सर्वकर्माणि साधय स्वाहा" इति वह्निं संपूज्य, तत्रेष्टदेवतामावाह्य, संपूज्य, आज्येन – "ॐ भूः स्वाहा। ॐ भुवः स्वाहा। ॐ स्वः स्वाहा। ॐ भूर्भुवः स्वः स्वाहा।" इति हुत्वा मूलमन्त्रेण पञ्चविंशतिसंख्याकं हुत्वा, पुनर्व्याहृतिभिर्हुत्वा, मूर्त्तौ देवतां संयोज्य, अग्निं विसर्जयेदिति।

भो भो वह्ने महाशक्ते सर्वकर्मप्रसाधक।
कर्मान्तरेऽपि संप्राप्ते सान्निध्यं कुरु सादरम्॥

इति विसर्जनं कृत्वा, देवतायै आचमनं दत्वा, तन्मुखागतं तेजः पुनस्तन्मुखे निर्गतमिति विचिन्त्य, पुष्पाञ्जलिं दत्वा, प्रणम्य, जपं कुर्यात्।

तद्यथा – ऋष्यादिन्यासं विधाय, मूर्ध्नि कुलुकां विचिन्त्य, दशधा प्रजप्य, संपूज्य, जपमालामानीय, क्वचित्पात्रेऽर्घ्योदकेनाभ्युक्ष्य,

ॐ माले माले महामाले सर्वशक्तिस्वरूपिणि।
चतुर्वर्गस्त्वयि न्यस्तस्तस्मान्मे सिद्धिदा भव॥

*इति गन्धादिनां संपूज्य, **"अविघ्नं कुरु माले त्वम्"** इति मन्त्रेण दक्षिणहस्तेन गृहीत्वा, शिरसि गुरुं हृदये स्वेष्टदेवतां ध्यायन्, हृदयसमीपं मालामानीय, दक्षहस्तमध्यमामध्यपर्वणि संस्थाप्य, प्रणवमुच्चार्य मूलमन्त्रं जपेत्। पुनरोमित्युचार्य जपं समाप्य,*

"त्वं माले सर्वदेवानां प्रीतिदा शुभदा मता।
शुभं कुरुष्व मे भद्रे यशो वीर्यं च सर्वदा॥"

"ह्रीं सिद्ध्यै नमः" इति स्वशिरसि मालां संस्थाप्य, पुनः प्राणायामत्रयं कृत्वा, ऋष्यादिषडङ्गन्यासं विधाय देव्या वामहस्ते अर्घ्योदकेन,

"गुह्यातिगुह्यगोप्त्रीत्वं गृहाणास्मत्कृतं जपम्।
सिद्धिर्भवतु मे देवि त्वत्प्रसादान्महेश्वरि॥"

इति जपं समर्प्य देव्यग्रे पुष्पाञ्जलिं प्रक्षिपेत्। ततो मालां स्थापयेत्।

ततः कवचादिकं पठित्वा, पुष्पाञ्जलिं दत्वा "इतः पूर्वं यत्कृतं यदुक्तं तत्सर्वममुकदेवताब्रह्मार्पणमस्तु।"

ततः शान्तिपाठं विधाय, वामभागे निर्माल्यवासिनीं निर्माल्येन संपूज्य, यन्त्रलेपं शिरसि दत्वा निर्माल्यं विहरेदिति॥

॥ इति श्रीजीवनाथकृते दीक्षाप्रकाशे षोडशोपचारः समाप्तः ॥ ४ ॥

***

पञ्चमः प्रकाशः

॥अथ कुलुका॥

श्रीदेव्युवाच

कुलुका कीदृशी देव सेतुर्वा नाथ कीदृशः।
कीदृशो वा महासेतुर्न्निर्वाणमपि कीदृशम्।
अन्यद्वा कथितं देव कीदृशं तद्वद प्रभो॥

ईश्वर उवाच

गुह्याद् गुह्यतरं देवि तव स्नेहेन कथ्यते।
विना येन महेशानि निष्फलं तु जपादिकम्॥
तारायाः कुलुका देवि महानीलसरस्वती।
पञ्चाक्षरी कालिकाया कुलुका परिकथ्यते॥
कालीकूर्चं वधूर्माया फडन्तं परमेश्वरि।
छिन्नायाः परमेशानि कुलुका त्र्यक्षरी भवेत्॥
वज्रवैरोचनीये च अन्ते वर्म प्रकीर्तयेत्।
सम्पत्प्रदायाः प्रथमं भैरव्याः कुलुका मता॥
श्रीमत्त्रिपुरसुन्दर्याः कुलुका द्वादशाक्षरी।
वाग्भवं प्रथमं बीजं कामराजमतः परम्॥
लज्जाबीजं ततः पश्चात् त्रिपुरेशी ततः परम्॥
भगवतीतिपदं दद्यादन्ते ठद्वयमुच्चरेत्॥
अन्यासां तु महादेवि त्र्यक्षरी कुलुका मता।
तारं कूर्चं समुच्चार्य नारसिंहं समुच्चरेत्॥
इत्येषा कथिता देवि संक्षेपात् कुलुका मया।
अज्ञात्वा कुलुकां देवि प्रजपेद् यो नराधमः॥
पञ्चत्वमाशु लभते सिद्धिहानिश्च जायते।
मन्त्राः पराङ्मुखा यान्ति मन्त्रहानिः प्रजायते॥
तथा जपादिकं सर्वं निष्फलं नात्र संशयः।

तस्मात् सर्वप्रयत्नेन यो जपेद् मूर्ध्नि कुल्लुकाम्।
तस्याशु मन्त्रसिद्धिः स्यान्नान्यथा परमेश्वरि॥

तारायाः–ह्रीं स्त्रीं हूं।

कालिकायाः – क्रीं हूं स्त्रीं ह्रीं फट्।

छिन्नमस्तायाः – ॐ हूं श्रौं।

त्रिपुरभैरव्याः – वज्रवैरोचनीये हूं।

श्रीत्रिपुरसुन्दर्याः – ऐं क्लीं ह्रीं त्रिपुरेशि भगवति स्वाहा।

अन्यासां विद्यानाम् – ॐ हूं श्रौं इति कुल्लुका ज्ञेया।

सर्वासां विद्यानां सेतुः प्रणव एव हृदये चिन्त्यः। महासेतुस्तु मूलमन्त्रः। स च कण्ठदेशे जप्तव्यः।

निर्वाणस्तु – ॐ अं मूलं ऐं अं आं इं ईं उं ऊं ऋं ॠं लृं लॄं एं ऐं ओं औं अं अः कं खं गं घं ङं चं छं जं झं ञं टं ठं डं ढं णं तं थं दं धं नं पं फं बं भं मं यं रं लं वं शं षं सं हं ळं क्षं ओमिति निर्वाणं नाभिदेशे चिन्त्यमिति।

उक्तं च महातन्त्रे –

ॐ सेतुः सर्वविद्यानां महासेतुश्च मूलकम्।
प्रणवं पूर्वमुद्धृत्य स्वराद्यं तदनन्तरम्॥
वाग्भवं च ततो देवि मातृकां तदनन्तरम्।
ॐकारमन्त्रे निर्वाणं सुरेश्वरि विचिन्तयेत्॥
हृदये सेतुमाजप्य कण्ठदेशे सुरेश्वरि।
महासेतुं ततो नाभौ निर्वाणं परिचिन्तयेत्॥
ततः षडङ्गन्यासं च कृत्वा ध्यात्वा मनुं जपेत्।
एवं कृते सुरेशानि मन्त्रसिद्धिः प्रजायते॥

॥ इति श्रीदीक्षाप्रकाशे रहस्यप्रकारः॥ ५॥

***

षष्ठमः प्रकाशः

।। अथ शिवाबलिप्रकारः ।।

तथा च कुलचूडामणौ –

अवश्यमन्नदानेन नियतं तोषयेच्छिवाम्।
नित्यश्राद्धं यथा सन्ध्यावन्दनं पितृतर्पणम्॥
तथैव कुलदेवीनां नित्यता कुलपूजने।
पशुरूपां शिवां देवीं यो नार्चयति निर्जने॥
शिवारावेण तस्याशु सर्वे नश्यन्ति निश्चितम्।
जपपूजाविधानेन यत्किञ्चित् सुकृतानि वै॥
गृहीत्वा शापकं दत्वा शिवा रोदिति निर्जने।
एकया भुज्यते यत्र शिवया यदि भैरवि॥
तदैव सर्वशक्तीनां प्रीतिः परमदुर्लभा।
राज्यादिभयमापन्ने देशान्तरभयादिके॥
शुभाशुभानि कर्माणि विचिन्त्य बलिमाहरेत्॥
बिल्वमूले प्रान्तरे वा श्मशाने नगराद्बहिः॥
मांसप्रधानं नैवेद्यं सन्ध्याकाले निवेदयेत्।
कालि कालीति वक्तव्ये तत्रोमा शिवरूपिणी।
पशुरूपधरा याति परिवारगणैः सह॥

अथोत्तराभिमुखो भूत्वा संकल्पं कुर्यात् – ''ॐ अस्यां सन्ध्यायाममुकगोत्रः श्रीमदमुकशर्मामुककार्यशुभाशुभार्थं शिवाबलिमहं करिष्ये''

इति संकल्प्य, प्राणायामं कृत्वा, षडङ्गन्यासं च कृत्वा, अर्घ्यं स्थापयित्वा, भक्ष्यान्नं गृहीत्वा, मुक्तकेशः शनैः शिवा आवाहयेत्। कालि कालीति मन्त्रेण। ततः –

गृह्ण देवि महाभागे शिवे कालाग्निरूपिणि।
शुभाशुभफलं व्यक्तं ब्रूहि गृह्ण बलिं तव॥

इत्यर्घ्योदकेन उत्सृज्य, ततः किञ्चिदपसृत्य शिवासु भक्षयन्तीषु।

ॐ संहारभैरवाय नमः ।१।

ॐ बटुकेभ्यो नमः ।२।

ॐ विनायकेभ्यो नमः ।३।

ॐ मातृभ्यो नमः ।४।

ॐ क्षौं क्षेत्रपालेभ्यो नमः ।५।

ॐ योगिनीभ्यो नमः ।६।

ॐ डाकिनीभ्यो नमः ।७।

ॐ शिवदूतीभ्यो नमः ।८।

इति बल्यष्टकं दत्वा, गन्धपुष्पाञ्जलिमादाय, मुक्तकेशो दिगम्बर उत्थाय, निमीलिताक्षः स्तुतिं पठेत्।

शिवारूपधरे देवि गुह्यकालि नमोऽस्तु ते।
उल्कामुखि ललज्जिह्वे घोररावे शृगालिनि॥
श्मशानवासिनि प्रेते शवमांसप्रियेऽनघे।
अरण्यचारिण्यनघे शिवे जम्बूकरूपिणि॥
नमोऽस्तु ते महामाये जगत्तारिणि कालिके।
मातङ्गि कुक्कुटे रौद्रि महाकालि नमोऽस्तु ते॥
सर्वसिद्धिप्रदे भीमे भयङ्करि भयापहे।
प्रसन्ना भव देवेशि मम भक्तस्य चण्डिके।
संसारतारणपरे जय सर्वशुभङ्करि॥
विध्वस्तचिकुरे चण्डि चामुण्डे मुण्डमालिनि।
संहारकारिणि क्रुद्धे सर्वसिद्धिं प्रयच्छ मे।
दुर्गे किराति शबरि प्रेतासनगतेऽभये।
अनुग्रहं कुरु सदा कृपया मां विलोकय।
राज्यं प्रयच्छ विकटे वित्तमायुः सुतां स्त्रियम्॥
शिवाबलिप्रदानेन त्वं प्रसन्ना भवेश्वरि।
नमस्तेऽस्तु नमस्तेऽस्तु नमस्तेऽस्तु नमोऽस्तु ते।

।इति पठित्वा भुक्तशेषान्नं तद्भाजनं च भूमौ निखनेत्।

अथ भोजनकाले शुभाशुभफलं शिवाशब्दानुसारेण ज्ञातव्यम्। तदुक्तं तत्रैव –

भुक्त्वा रौति यदैशान्यां मुखमुत्तोल्पसुस्वरम्।
तदेव मङ्गलं विद्यान्नान्यथा कुलपूजनन्॥
यदा न भुज्यते वस्तु तदा नैव शुभं भवेत्।
शुभं यदि भवेत्तत्र भुज्यते तदशेषतः॥

अत्र सात्विको ब्राह्मणः मांसस्थाने माषवटकं दद्यात्। ***"सात्विको जीवहत्यां च न कदाचित्प्रकारयेत्"*** *इत्युक्तेः। ततो गृहमागत्य देवीं पूजयेत्।*

॥अथानुकल्पद्रव्याणि॥

यथा शक्तिसङ्गमतन्त्रे –

माहिषत्वेन कूष्माण्डं छागत्वेन च कर्कटीम्।
वृन्ताकं कुक्कुटत्वेन मेषत्वेन च तुम्बिकाम्॥
मानुषत्वेन पनसं मत्स्यत्वेनेक्षुदण्डकम्।
सूरणं च खरत्वेन दातव्यं कोशकं मृगे॥
पायसं तु गजत्वेन मार्जारत्वे कुलत्थकम्।
पटोलं शूकरत्वेन शर्करां वालुकं तथा॥
खड्गत्वेन महेशानि मत्स्यत्वे कदलीफलम्।
मूषत्वे मूलकं चैव सारसत्वे कलिङ्गकम्॥
कीरत्वे नारिकेलं च मत्स्यत्वे कदलीं च वा।
माषाः सर्वबलित्वेन कृशरान्नं तथा मतम्॥ इति।
(४.४.१०७-११२)

॥ इति श्रीजीवनाथकृते दीक्षाप्रकाशे शिवबलिप्रकारः समाप्तः॥ ६॥

***

सप्तमः प्रकाशः

।।अथ विष्णोर्वैदिकषोडशोपचारप्रकारः।।

तत्रादावासनमन्त्रः –

ॐ सहस्रशीर्षा पुरुषः सहस्राक्षः सहस्रपात्।
स भूमिं सर्वतः स्पृत्वाऽत्यतिष्ठद् दशाङ्गुलम्॥

उपवेशनमन्त्रः –

पुरुष एवेदं सर्वं यद् भूतं यच्च भाव्यम्।
उतामृतत्वस्येशानो यदन्नेनातिरोहति॥

अथ पाद्यमन्त्रः –

एतावानस्य महिमाऽतोज्यायाँश्च पूरुषः।
पादोऽस्य विश्वा भूतानि त्रिपादस्यामृतं दिवि॥

अर्घ्यमन्त्रः –

त्रिपादूर्ध्व उदैत् पुरुषः पादोऽस्येहा भवत्पुनः।
ततो विष्वङ् व्यक्रामत साशनानशने अभि॥

आचमनमन्त्रः –

ततो विराडजायत विराजो अधि पूरुषः।
स जातो अत्यरिच्यत पश्चाद् भूमिमथो पुरः॥

स्नानमन्त्रः –

तस्माद् यज्ञात् सर्वहुतः सम्भृतं पृषदाज्यम्।
पशूंस्तांश्चक्रे वायव्यानारण्या ग्राम्याश्च ये॥

अथाच्छादनमन्त्रः –

तस्माद् यज्ञात् सर्वहुत ऋचः सामानि जज्ञिरे।
छन्दांसि जज्ञिरे तस्माद् यजुस्तस्मादजायत॥

यज्ञोपवीतमन्त्रः –

तस्मादश्वा अजायन्त ये के चोभयादतः।
गावो ह जज्ञिरे तस्मात् तस्माज्जाता अजावयः॥

गन्धमन्त्रः –

तं यज्ञं बर्हिषि प्रौक्षन् पुरुषं जातमग्रतः।
तेन देवा अयजन्त साध्या ऋषयश्च ये॥

अथ पुष्पमन्त्रः –

यत्पुरुषं व्यदधुः कतिधा व्यकल्पयन्।
मुखं किमस्यासीत् किं बाहू किमूरू पादा उच्येते॥

धूपमन्त्रः –

ब्राह्मणोऽस्य मुखमासीद् बाहू राजन्यः कृतः।
उरू तदस्य यद्वैश्यः पद्भ्यां शूद्रो अजायत॥

अथ दीपमन्त्रः –

चन्द्रमा मनसो जातश्चक्षोः सूर्यो अजायत।
श्रोत्राद्वायुश्च प्राणश्च मुखादग्निरजायत॥

नैवेद्यमन्त्रः –

नाभ्या आसीदन्तरिक्षं शीर्ष्णो द्यौः समवर्त्तत।
पद्भ्यां भूमिर्दिशः श्रोत्रात् तथालोकान् अकल्पयन्॥

अञ्जलिकरणमन्त्रः –

यत्पुरुषेण हविषा देवा यज्ञमतन्वत।
वसन्तोऽस्यासीदाज्यं ग्रीष्म इध्मः शरद्धविः॥

अथ प्रदक्षिणामन्त्रः –

सप्तास्यासन् परिधयस्त्रिः सप्त समिधः कृताः।
देवा यद् यज्ञं तन्वाना अबध्नन् पुरुषं पशुम्॥

अथ विसर्जनमन्त्रः –

यज्ञेन यज्ञमयजन्त देवास्तानि धर्माणि प्रथमान्यासन्।
ते ह नाकं महिमानः सचन्त यत्र पूर्वे साध्याः सन्ति देवाः॥

॥इति दीक्षाप्रकाशे विष्णोः षोडशोपचारप्रकारः॥ ७॥

***

अष्टमः प्रकाशः

॥ सप्तशतीपाठविधि ॥

अथ सप्तशतीपाठविधि माह वाराहीतन्त्रे –

आधारं स्थापयित्वा तु पुस्तकं वाचयेत्ततः।
हस्तसंस्थापनाद्देवि भवेदर्द्धफलं यतः॥
यावन्न पूर्यतेऽध्यायः तावन्न विरमेत्पठन्।
यदि प्रमादादध्याये विरामो भवति प्रिये॥
पुनरध्यायमारभ्य पठेत्सर्वं मुहुर्मुहुः।
अनुक्रमात् पठेद् देवि शिरःकम्पादिकं त्यजेत्॥

तथान्यत्रापि –

प्रणवं पूर्वमुच्चार्य स्तोत्रं वा संहितां पठेत्।
अन्ते च प्रणवं दद्यादित्युवाचादिपूरुषः॥
न मानसं पठेत्स्तोत्रं वाचिकं तु प्रशस्यते।
न स्वयं लिखितं स्तोत्रं नाब्राह्मणलिपिं पठेत्॥
न च स्वयं कृतं स्तोत्रं तथान्येन च यत्कृतम्।
यतः कलौ प्रशंसन्ति मुनिभिर्भावितं च यत्॥

अन्यच्च –

स्वयं तु लिखितं यच्च कृतिना लिखितं तु यत्।
अब्राह्मणेन लिखितं तत्सर्वं निष्फलं भवेत्॥
ऋषिश्छन्दो देवतादि न्यस्य स्तोत्रं पठेद् बुधः॥ इति।

कीलकग्रन्थे तु –

अष्टम्यां वा चतुर्दश्यां कृष्णायां तु समाहितः।
ददाति प्रतिगृह्णाति नान्यथैषा प्रसीदति॥ इति।
इत्थं रूपेण कीलेन महादेवेन कीलितम्॥ इति।
अर्गलं कीलकं चादौ जपित्वा कवचं पठेत्।
जपेत्सप्तशतीं पश्चात्क्रम एष शिवोदितः॥ इति।

"ॐ अस्य प्रथमचरित्रस्य ब्रह्मा ऋषिर्गायत्री छन्दो महाकालीप्रीत्यर्थं जपे

विनियोगः" इत्युक्त्वा प्रथमाध्यायं पठेत्।

ततः "ॐ मध्यमचरित्रस्य विष्णुर्ऋषिरुष्णिक्छन्दो लक्ष्मीदेवता शाकम्भरीशक्तिः दुर्गाबीजं वायुस्तत्त्वं महालक्ष्मीप्रीत्यर्थं जपे विनियोगः" इति पठित्वा द्वितीयाध्यायं तृतीयाध्यायं चतुर्थाध्यायं पठेत्।

ततः "ॐ उत्तरचरित्रस्य रुद्रऋषिः त्रिष्टुप्छन्दः महासरस्वती देवता क्लीं बीजं रविस्तत्त्वं महासरस्वतीप्रीत्यर्थं जपे विनियोगः।"

उक्तञ्च –

सप्तशत्याश्चरित्रे तु प्रथमे पद्मभूर्मुनिः।
छन्दो गायत्रीमुदितं महाकाली तु देवता॥
वाग्बीजं पावकस्तत्त्वं धर्मार्थे विनियोजनम्।

(म० म० १८.१६१-६२)

वाग् ऐं बीजं पावकं रमिति।

मध्यमे तु चरित्रे तु मुनिर्विष्णुरुदाहृतः॥
उष्णिक्छन्दो महालक्ष्मीर्देवता बीजमद्रिजा।
वायुस्तत्त्वं धनप्राप्त्यै विनियोग उदाहृतः॥

(म० म० १८.१६२-६३)

अद्रिजा ह्रीं वायुबीजं यमिति।

उत्तरस्य चरित्रस्य ऋषिः शंकर ईरितः।
उष्णिक् छन्दो देवतास्य महापूर्वा सरस्वती॥
कामो बीजं रविस्तत्त्वं कामाप्त्यै विनियोजनम्।

(म० म० १८.१६४-६५)

कामः क्लीमिति। रविबीजं प्रणवमिति मन्त्रविदः।

एवं संस्मृत्य ऋष्यादीन् ध्यात्वा पूर्वोक्तमार्गतः॥
स्मरन्नर्थं पठेच्चण्डीस्तवं स्पष्टवदक्षरम्।
समाप्तौ तु महालक्ष्मीं ध्यात्वा कृत्वा षडङ्गकम्॥
जपेदष्टशतं मूलं देवतायै निवेदयेत्।

(म० म० १८.१६५-६७)

आदावप्यष्टशतं प्रजपेन्मूलमत्र तु। मूलमन्त्रस्तु –

ऐं ह्रीं क्लीं चामुण्डायै विच्चे।

रुद्रयामले –

प्रथमं चरितं प्रोक्तं मधुकैटभघातनम्।
द्वितीयं विद्धि चरितं महिषासुरघातनम्॥
उत्तरं चरितं ज्ञेयं शुम्भदैत्यवधान्वितम्।
चरितानि जपेत्त्रीणि सरहस्यान्यतन्द्रितः॥

अन्यत्रापि –

शतमादौ शतं चान्ते जपेन्मन्त्रं नवाक्षरम्।
चण्डीसप्तशतीमध्ये संपुटोऽयमुदाहृतः।
सकामः संपुटो जाप्यो निष्कामः सम्पुटं विना॥

अथ मारीचकल्पे –

रात्रिसूक्तं जपेदादौ मध्ये सप्तशतीस्तवम्।
प्रान्ते तु जपनीयं वै देवीसूक्तमिति क्रमः।
एवं संपुटितं स्तोत्रं सर्वकामार्थसिद्धिदम्॥

अत्र रात्रिसूक्तं देवीसूक्तं च वैदिकमिति। वस्तुतस्तु सप्तशतीस्तोत्रान्तर्गतमेवातिप्रामाणिकाः। ब्रह्मणा तु कृतं स्तोत्रं विश्वेश्वरीसूक्तं तदेव रात्रिसूक्तमिति व्यवह्रियते। अथ ***"नमो देव्यै महादेव्यै शिवायै सततं नमः"*** *इत्यादि* ***"सर्वापदो भक्तिविनम्रमूर्तिभिः"*** *इत्यन्तं देवीसूक्तमिति।* ***"शक्रादयः सुरगणाः"*** *इत्यारभ्य* ***"अस्माकमुन्मदसुरारिभवं नमस्ते"*** *इत्यन्तं लक्ष्मीसूक्तमिति।* ***"देव्या हते तत्र महासुरेन्द्रे"*** *इत्यारभ्य* ***"त्रैलोक्यवासिनामीड्ये लोकानां वरदा भव"*** *इत्यन्तं सरस्वतीसूक्तमिति।*

अथ वाराहीतन्त्रे –

संस्कृत्य भूमिं संस्थाप्य कलशं तीर्थवारिणा।
पूरयित्वा स्वर्णगर्भं क्षिपेदष्टमृदं ततः॥
धर्मकामः क्षिपेत्स्वर्णं धनकामस्तु मौक्तिकम्।
श्रीकामः कमलं न्यस्येत् कामार्थी रोचनं न्यसेत्॥
मोक्षकामो न्यसेद्रत्नं जयकामोऽपराजिताम्।

उच्चाटनार्थं व्याघ्रीं च वश्यार्थं शिखिमूलिकाम्॥
मारणार्थं मरीचं च केतकीं मोहनाय च।
आकर्षणार्थं धत्तूरं प्रक्षिपेत् कलशोदरे॥
जपेन्मन्त्रं महेशानि शृणुष्व गदतो मम।
आदिमारभ्य प्रजपेत् सृष्टिक्रम इहोच्यते॥
जपेच्छक्रादिमारभ्य शुम्भदैत्यवधावधि।
आद्याच्छक्रादिपर्यन्तं स्थितिक्रम उदाहृतः॥
शेषमारभ्य आद्यन्तं स्थितिक्रम ईरितः।
स्थितिपाठः सर्वकार्ये मुक्तिकामे च संहृतिः॥
श्रीकामे पुष्टिकामे च सृष्टिक्रम उदाहृतः।

*"**सावर्णिः सूर्यतनयः**" इत्यारभ्य "**सावर्णिर्भविता मनुः**" इत्यन्तं पाठः सृष्टिक्रमः॥*

*"**पुरा शुम्भ**" इत्यादि नवाध्यायान् पठित्वा शक्राध्यायान्तं पठेदिति स्थितिक्रमः।"*

*"**एवं देव्या वरं लब्ध्वा**" इत्यादिसंहारक्रमेण "**सावर्णिः सूर्यतनय**" इति श्लोकान्तं पठनीयमिति संहारक्रमः।*

अयं पाठः सङ्कटे प्रशस्त इति दाक्षिणात्याः।

अथ विशेषमाह –

धर्मार्थकाममोक्षाणां कामः पूर्वमुखो हुनेत्।
मोहने मारणे चैव दक्षिणाशामुखो हुनेत्॥
उच्चाटने तूत्तरास्यो दिशामेवं व्यवस्थितिः।
धर्मार्थकाममोक्षाणां संसिद्धौ पायसं हुनेत्।
मारणे मोक्षणे चैव तथोच्चाटनकर्मणि॥
हुनेन्माषं त्रिमध्वाक्तं मोहने मधुपायसम्।
स्तम्भने तु मातुलफलं वश्ये तु सर्षपम्॥

अथ देवीप्रयोगसारे –

सङ्कटे समनुप्राप्ते दुश्चिकित्से भये सदा।
जातिध्वंसे कुलच्छेदे आयुषो नाश आगते॥

वैरिवृद्धौ व्याधिवृद्धौ धननाशे तथा क्षये।
तथैव त्रिविधोत्पाते तथा चैवातिपातके॥
कुर्याद्यत्नाच्छतावृत्तिं ततः संपद्यते शुभम्।
विपदस्तस्य नश्यन्ति अन्ते याति परां गतिम्॥
श्रियो वृद्धिः शतावृत्या राज्यवृद्धिस्तथा परा।
मनसा चिन्तितं देवि सिद्ध्येदष्टोत्तरं शतम्॥
शताश्वमेधयज्ञानां फलं प्राप्नोति सुव्रते।
सहस्त्रावर्तनाल्लक्ष्मीरावृणोति स्वयं सदा॥
कामान् मनोगतान् प्राप्य नरो मोक्षमवाप्नुयात्।
यथाश्वमेधः क्रतुषु देवानां च यथा हरिः॥
स्तवानामपि सर्वेषां तथा सप्तशतीस्तवः।
भुक्तिमुक्ती न दूरस्थे शुद्धपाठवतां नृणाम्॥
नातः परतरं किञ्चित् स्तोत्रमस्ति वरानने।

।। अथ नवरात्रविधानम् ।।

अथातः संप्रवक्ष्यामि नवरात्रविधानकम्।
जपेदेकोत्तरां वृद्धिं दिनानि नव संख्यया॥
नवाक्षरीविधानेन संपूज्याथ विचक्षणः।
सहस्त्रं प्रजपेन्मन्त्रं प्रत्यहं च यथाविधि॥
हुत्वा दशांशतो होमं तत्र सिद्धिं समाप्नुयात्।

अपरश्च –

विल्वमूले समासीनो मासमेकं जपेत्सुधीः।
मधुरत्रयसंयुक्तैर्बिल्वपत्रैश्च साधकः॥
मासं होमविधानेन कुर्याद्वा तद्दशांशतः।
कमलैः क्षीरसंमिश्रैर्लक्ष्मीप्राप्तिर्न संशयः॥

*अत्र तु **"नमो देव्यै"** इत्यादिमन्त्रैरेव दशांशेन होमः कार्य इति सम्प्रदायः। ब्राह्मणकरणे दक्षिणानियमस्तत्रैव कथितः।*

पञ्चावृते स्वर्णमेकं त्रिरावृत्ते तदर्द्धकम्।
एकावृत्ते पादमेकं दद्याद्वा शक्तितो बुधः॥ इति।

गायत्री यथा यजुर्वेदे –

कात्यायन्यै विद्महे कन्याकुमारि धीमहि।
तन्नो दुर्गा प्रचोदयात्॥ **इति।**

अथ प्रयोगान्तरं कात्यायनीतन्त्रे –

पूर्वाह्णे षोडशाङ्गुलमितं चतुरङ्गुलोन्नतं स्थण्डिलं कृत्वा, तत्र शुद्धगोघृतेन एकस्मिन् पात्रे रुद्रवर्त्तिषु त्रयोदशदीपान् प्रज्वाल्य दीपेषु प्रथमदीपे प्रथमाध्यायदेवतामावाह्य, आसनपाद्यादिगन्धदानान्तं संपूज्य, पुष्पसमर्पण-समये वक्ष्यमाण नवभिः श्लोकैः पुष्पाणि समर्प्य, धूपदीपौ दत्वा, पायसं नैवेद्यं दत्वा, ताम्बूलं दक्षिणां च दत्वा, नीराजनम्। एकं ब्राह्मणं कुमारीं सुवासिनीं च भोजयेत् संकल्पयेद्वा। एवं तदध्यायदेवतावाहनादिब्राह्मण-भोजनान्तं प्रत्यध्यायं कुर्यात्।

अन्ते प्रभूतनैवेद्यादिभिर्महापूजा कार्या। अनुग्रहे पूर्वाह्णे समाप्तिः। निग्रहेऽपराह्णे समाप्तिः।

श्लोकास्तु –

विश्वेश्वरीं जगद्धात्रीम्॥ १। स्तुता सुरैः पूर्वमभीष्टसंश्रयात्॥ २। या साम्प्रतं चोद्धत॥ ३। या च स्मृता तत्क्षणमेव हन्ति नः॥ ४। सर्वा बाधाप्रशमनं॥ ५। अत्र वैरिविनाशनमित्यत्र रोगनाशनमित्याद्यूह्यम्। एवं दैत्यतापितैरित्यत्रापि। सर्वमङ्गलमाङ्गल्ये॥ ६। सृष्टिस्थितिविनाशानां॥ ७। शरणागतदीनार्त्त॥ ८। सर्वस्वरूपे सर्वेशे॥ ९। *एतेऽनुग्रहे नव श्लोकाः।*

वश्ये तु विशेषः – "ॐ ह्रीं रक्तचामुण्डे तुरु तुरु अमुकं मे वशमानय स्वाहा" अनेन प्रत्यध्यायमाद्यन्तयोः पूजा। सर्वान्ते अयुतमन्त्रजपः अयुतहोमश्च।

होमयेत्कटुतैलेन रक्तचन्दनराजिका।
सहस्राहुतिमात्रेण राजानं वशमानयेत्॥
मधुनाशोकपुष्पं च रात्रौ हुत्वा तु पूर्ववत्।
चक्रवर्ती भवेद्वश्यं चण्डीमन्त्रप्रभावतः॥

अन्ते शतं ब्राह्मणाः कुमार्यश्च भोजनीयाः। धनार्थं बिल्वपत्रैः पूजा, वश्यार्थं करवीरजैः जपाकुसुमैर्वा, पुत्रार्थं तुलसीदलैः, पुष्ट्यर्थं पङ्कजैः।

महाकार्यार्थं प्रयोगे तु षोडशमाषैः स्वर्णमूर्त्तिं कृत्वा, कलशस्थापनं च

कृत्वा, तदग्रे घटार्गलयन्त्रे षट्कोणयन्त्रे वा दीपं स्थापयेत्। महति कार्ये ऊनपञ्चाशत् (४९) दिनानि, मध्ये चतुर्विंशति दिनानि (२४), तदर्द्धमल्पे (१२)। एवमेव मूर्त्तेः स्वर्णं परिमाणमपि बोध्यम्। महति कार्ये ब्राह्मणाः (३) प्रयोगकर्त्तारः। अल्पे एक एव।

निग्रहे तु – ***"सर्वाबाधाप्रशमनम्"*** *इत्यस्याग्रे* ***"एवमुक्त्वा समुत्पत्य"*** *इति पठेत्।*

अस्मिन् प्रयोगे तर्पणमपि कुर्यात्। त्रयोदश पात्राणि दुग्धेनापूर्य आद्यन्तयोः पुष्पाञ्जलिं दत्वा, प्रतिश्लोकं "प्रथमाध्यायदेवतां तर्पयामि" इति प्रयोगेण तर्पयेत्। तथा त्रयोदशस्वग्निषु क्रमात्तदध्यायदेवता आवाह्य, संपूज्य, प्रतिमन्त्रं "ॐ प्रथमाध्यायदेवतायै नमः स्वाहा" इति मन्त्रेण पायसेन जुहुयात्।

प्रत्यहं यावत्प्रयोगसमाप्तिः श्लोकं प्रत्यध्यायं वा पठेत्। दीपेषु अक्षतपुञ्जेषु जलपात्रेषु अग्निषु कुमारीषु वा कार्य इत्युपदेशः।

अथैतत्स्तोत्रपाठे ***डामरकल्पोक्त****नवार्णसंपुटीकरणप्रयोगविधिः। तत्रादौ तदुद्धारः –*

ऐं बीजमादीन्दुसमानदीप्तं
हीं सूर्यतेजोद्युतिमद्द्वितीयम्।
क्लीं चापि वैश्वानरतुल्यरूपं
तृतीयमानन्त्यसुखाय चिन्त्यम्॥
चा शुद्धजाम्बूनदकान्तितुर्यं
मुं पञ्चमं वस्तुतरं प्रकल्प्यम्।
डा षष्ठमुग्रार्त्तिहरं सुनीलं
यै सप्तमं कृष्णतरं रिपुघ्नम्॥
वि पाण्डुरं त्वष्टममादिसिद्धं
च्चे धूम्रवर्णं नवमं विशालम्॥ इति।

ऐं ह्रीं क्लीं चामुण्डायै विच्चे इति नवाक्षरो मन्त्रः। अस्य प्रयोगः –

नाभिमात्रे जले सहस्रजपात् कवितासिद्धिः। अयुतजपे राजबन्धन-सङ्कटादिभ्यो मोक्षः।

अस्मिन्नवाक्षरे मन्त्रे महालक्ष्मीर्व्यवस्थिता।
तस्मात्सुसिद्धः सर्वेषां सर्वदिक्षु प्रदीपकः॥

इत्यनेनास्य सिद्धादिचक्रशोधनं नास्तीति सूचितम्।

नवाक्षरस्य ऋषयो ब्रह्मविष्णुमहेश्वराः।
छन्दांस्युक्तानि मुनिभिर्गायत्र्युष्णिगनुष्टुभः॥
देव्यः प्रोक्ता महापूर्वाः काली लक्ष्मीः सरस्वती।
नन्दाशाकम्भरीभीमाः शक्तयोऽस्य मनोः स्मृताः॥
स्यू रक्तदन्तिकादुर्गाभ्रामर्योबीजसञ्चयाः।
अग्निर्वायुर्भगस्तत्त्वं फलं वेदत्रयोद्भवम्।
सर्वाभीष्टप्रसिद्ध्यर्थं विनियोग उदाहृतः॥

(म. म. १८.१०६-०९)

अथ प्रयोगः – *"अस्य श्रीनवार्णमन्त्रस्य ब्रह्मविष्णुमहेश्वरा ऋषयः, गायत्र्युष्णिगनुष्टुभश्छन्दांसि, महाकाली-महालक्ष्मी-महासरस्वत्यो देवताः, नन्दाशाकम्भरीभीमाः शक्तयः, रक्तदन्तिकादुर्गाभ्रामर्योबीजानि, अग्निवायुभगास्तत्त्वानि, सर्वाभीष्टसिद्ध्यर्थं जपे विनियोगः।"*

तत ऋष्यादिन्यासं कुर्यात्। यथा –

ब्रह्मविष्णुमहेश्वरेभ्यो नमः – शिरसि।

गायत्र्युष्णिगनुष्टुप्छन्दोभ्यो नमः – मुखे।

महाकालीमहालक्ष्मीमहासरस्वतीदेवताभ्यो नमः – हृदि।

नन्दाशाकम्भरीभीमाशक्तिभ्यो नमः – दक्षिणस्तने।

श्रीरक्तदन्तिकादुर्गाभ्रामरीबीजेभ्यो नमः – वामस्तने।

अग्निवायुसूर्यतत्त्वेभ्यो नमः – हृदये।

उक्तं च –

ऋषिश्छन्दोदैवतानि शिरोमुखहृदि न्यसेत्।
स्तनयोः शक्तिबीजानि तत्त्वानि हृदये पुनः॥

(म. म. १८.११०)

अथ विशेषमाह –

मन्त्राणां पल्लवो वासो मन्त्राणां पल्लवः शिरः।
शिरः पल्लवसंयुक्तो मन्त्रः पुष्ट्यादिसाधकः॥
हुंकारपल्लवोपेतो मारणे ब्राह्मणं विना।
यन्त्रभञ्जनकार्येषु सुघोरभयनाशने॥
वषडन्तः प्रकल्प्यस्तु ग्रहबाधाविनाशकः।
उच्चाटने तु संप्रोक्तो मन्त्रः फट्पल्लवान्वितः॥

एते पल्लवास्तु तत्तत्कर्मणि चण्डीपाठेऽपि श्लोकादौ योज्याः।

तथा न्यासहीनो भवेन्मूको मृतः स्याच्छिरसा विना।
अपास्तवासो नग्नः स्यात् सुप्तः स्यादासनं विना॥
गुरुं विना वृथा मन्त्रः सव्यजापस्तु शून्यकः।
निर्वीर्यो दुष्टदत्तः स्यादन्यबीजस्तु कीलितः॥

दुष्टदत्तः दुष्टाय दत्त इत्यर्थः। ***"देवछन्दर्षिहीनो यः स तु सप्तो भुजङ्गमः।"*** *मूकादयो मन्त्रा वर्ज्याः। वैदिकेन पल्लवादिविचारः।*

"ह्रीं चण्डिकायै" इत्यनेनास्य मन्त्रस्य स्तोत्रस्य च षडङ्गकरन्यासौ "हृदयाय नमः। शिरसे स्वाहा। शिखायै वषट्। कवचाय हुम्। नेत्रत्रयाय वौषट्। अस्त्राय फट्" इति क्रमः। अस्त्रं सर्वदिक्षु बोध्यम्। नवबीजमन्त्रान्ते चण्डिका तृप्यतामिति मन्त्रेण तर्पणम्। एवं होमादिषु ज्ञेयम्।

अथ यन्त्रमाह –

लिखेदष्टदलं पद्मं कुङ्कुमागुरुचन्दनैः।
ततश्चतुर्विंशदलं भूपुरेण समन्वितम्॥
पद्ममध्ये लिखेच्चक्रं षट्कोणं चण्डिकामयम्।
षट्कोणचक्रमध्यस्थमाद्यं बीजत्रयं न्यसेत्॥

तत्र मध्यबीजे महालक्ष्मीः, तद्दक्षिणे महाकाली, वामे सरस्वती, पूर्वादिषु षट्सु कोणेषु बीजान्यन्यानि विन्यसेत्। इदं पूजायन्त्रम्।

पद्मासनाद्यन्यतममासनं तथा सप्तशतीश्लोकैर्न्यासः –

खड्गिनी शूलिनीत्यादि पठित्वा श्लोकपञ्चकम्॥

आद्यं कृष्णतरं बीजं ध्यात्वा सर्वाङ्गके न्यसेत्।

(म. म. १८. १३८-३९)

।आद्यमैमिति।

शूलेन पाहि नो देवीत्यादिश्लोकचतुष्टयम्॥
पठित्वा सूर्यसदृशं द्वितीयं सर्वतो न्यसेत्।

(म. म. १८.१३९-४०)

।द्वितीयं ह्रीमिति।

सर्वस्वरूप इत्यादिश्लोकानां पञ्चकं पुनः॥
पठित्वा स्फटिकाभासं तृतीयं सर्वतो न्यसेत्।

(म. म. १८.१४०-४१)

।तृतीयं क्लीमिति।

उक्तैरेव श्लोकैरावृत्तिद्वयेन षडङ्गन्यासोऽपि क्वचिदुक्तः।

ततः षडङ्गं कुर्वीत विभक्तैर्मूलवर्णकैः॥
एकेनैकेन चैकेन चतुर्भिर्युगलेन च।
समस्तेन च मन्त्रेण कुर्यादङ्गानि षट् सुधीः॥

(म. म. १८.१४१-४२)

एवं न्यासविधिं कृत्वा सृष्टिमुद्रां विलोकयेत्।
ततः परिषिञ्चति पूजार्थं द्रव्याणि नवबीजतः।
तलपृष्ठोद्भवां मुद्रां दत्वास्त्रेणावगुण्ठयेत्॥
अर्घ्यपात्रं प्रतिष्ठाप्य पूरयेच्छुभवारिणा।
गन्धपुष्पाक्षतांस्तत्र विन्यस्य नृपनन्दन॥
ध्यात्वा सर्वाणि तीर्थानि हस्तौ दत्वाभिमन्त्रयेत्।
रक्षार्थं तस्य कर्त्तव्या चक्रमुद्रास्त्रसंयुता॥
अर्घ्योदकेन संस्कारं पूजाद्रव्यस्य पूर्ववत्।

अथ महाकाल्यादिदेवतात्रयध्यानम् –

खड्गं चक्रगदेषुचापपरिघान् शूलं भुशुण्डीं शिरः
शङ्खं सन्दधतीं करैस्त्रिनयनां सर्वाङ्गभूषावृताम्।

नीलाश्मद्युतिमास्यपाददशकां सेवे महाकालिकां
यामस्तौच्छयिते हरौ कमलजो हन्तुं मधुकैटभम्॥ १॥
अक्षस्त्रक्परशूगदेषुकुलिशं पद्मं धनुः कुण्डिकां
दण्डं शक्तिमसिं च चर्म जलजं घण्टां सुराभाजनम्।
शूलं पाशसुदर्शने च दधतीं हस्तैः प्रवालप्रभां
सेवे सैरिभमर्द्दिनीमिह महालक्ष्मीं सरोजस्थिताम्॥ २॥
घण्टाशूलहलानि शङ्खमुशले चक्रं धनुः सायकं
हस्ताब्जैर्दधतीं घनान्तविलसच्छीतांशुतुल्यप्रभाम्।
गौरीदेहसमुद्भवां त्रिजगतामाधारभूतां महा-
पूर्वामत्र सरस्वतीमनुभजे शुम्भादिदैत्यार्दिनीम्॥ ३॥
(म. म. १८.१४४-४६)

तत उक्तमन्त्रैः पञ्चोपचारैः पूजां कृत्वा जपेल्लक्षचतुष्टयम्। तद्दशांशतः ***"पायसान्नेन जुहुयात् पूजिते हेमरेतसि।"*** *एतदेवास्य पुरश्चरणम्।*

मार्कण्डेयपुराणोक्तं नित्यं चण्डीस्तवं पठन्।
पुटितं मूलमन्त्रस्य जपेनाप्नोति वाञ्छितम्॥ इति।
(म. म. १८.१५८)

॥ अथ शतचण्डीविधिः ॥

शङ्करस्य भवान्या वा प्रासादे निकटे शुभम्॥
मण्डपं द्वारवेद्याद्यं कुर्यात् सुध्वजतोरणम्।
तत्र कुण्डं प्रकुर्वीत प्रतीच्यां मध्यतोऽपि वा॥
स्नात्वा नित्यक्रियां कृत्वा वृणुयाद् दशवाडवान्।
जितेन्द्रियान् सदाचारान् कुलीनान् सत्यवादिनः॥
व्युत्पन्नान् चण्डिकापाठरतान् लज्जादयावतः।
मधुपर्कविधानेन स्वर्णवस्त्रादिदानतः॥
जपार्थमासनं मालां दद्यात्तेभ्योऽपि भोजनम्।
ते हविष्यान्नमश्नन्तो मन्त्रार्थगतमानसाः॥
भूमौ शयानाः प्रत्येकं जपेयुश्चण्डिकास्तवम्।
मार्कण्डेयपुराणोक्तं दशकृत्वः सुचेतसः॥

नवार्णं चण्डिकामन्त्रं जपेयुश्चायुतं पृथक्।

(म. म. १८.१७१-७७)

वाडवान् ब्राह्मणान्। पृथक्संपुटीकरणजपादिति शेषः। प्रत्येकं ब्राह्मणैरयुतजपः कार्यः।

अथाष्टमीनवमीचतुर्दशीपौर्णमासीषु यथा शतावृत्तिसमाप्तिर्भवति तथा प्रारम्भः कर्त्तव्य इति साम्प्रदायिकाः।

यजमानः पूजयेच्च कन्यानां नवकं शुभम्॥
दिवर्षाद्या दशाब्दान्ताः कुमारीः परिपूजयेत्।
एकाब्दायाः प्रीत्यभावाद् रुद्राब्दास्तु विवर्जिताः॥

(म. म. १८.१७७-७८, १८३)

तासां क्रमेण नामानि–कुमारी १-२। त्रिमूर्त्तिः २-३। कल्याणी ३-४। रोहिणी ४-५। कालिका ५-६। चण्डिका ६-७। शाम्भवी ७-८। दुर्गा ८-९। सुभद्रा ९-१०।

एतैरेव नाममन्त्रैः तासां पूजा। ***"तासामावाहने मन्त्राः प्रोच्यन्ते शङ्करोदिताः।"*** *यथा –*

मन्त्राक्षरमयीं लक्ष्मीं मातृणां रूपधारिणीम्।
नवदुर्गात्मिकां साक्षात्कन्यामावाहयाम्यहम्॥

(म. म. १८.१८४-८५)

।इत्यावाह्य पूजयेत्।

मन्त्रो यथा –

जगत्पूज्ये जगद्वन्द्ये सर्वशक्तिस्वरूपिणि।
पूजां गृहाण कौमारी जगन्मातर्नमोऽस्तु ते॥ १॥
त्रिपुरां त्रिपुराधारां त्रिवर्गज्ञानरूपिणीम्।
त्रैलोक्यवन्दितां देवीं त्रिमूर्तिं पूजयाम्यहम्॥ २॥
कालात्मिकां कलातीतां कारुण्यहृदयां शिवाम्।
कल्याणजननीं देवीं कल्याणीं पूजयाम्यहम्॥ ३॥
अणिमादिगुणाधारामाकाराद्यक्षरात्मिकाम्।

अनन्तशक्तिकां लक्ष्मीं रोहिणीं पूजयाम्यहम्॥ ४॥
कामचारीं शुभां कान्ता कालचक्रस्वरूपिणीम्।
कामदां करुणोदारां कालिकां पूजयाम्यहम्॥ ५॥
चण्डवीरां चण्डमायां चण्डमुण्डप्रभञ्जिनीम्।
पूजयामि सदा देवीं चण्डिकां चण्डविक्रमाम्॥ ६॥
सदानन्दकरीं शान्तां सर्वदेवनमस्कृताम्।
सर्वभूतात्मिकां लक्ष्मीं शाम्भवीं पूजयाम्यहम्॥ ७॥
दुर्गमे दुस्तरे घोरे भवदुःखविनाशिनीम्।
पूजयामि सदा भक्त्या दुर्गां दुर्गार्तिनाशिनीम्॥ ८॥
सुन्दरीं स्वर्णवर्णाभां सुखसौभाग्यदायिनीम्।
सुभद्रजननीं देवीं सुभद्रां पूजयाम्यहम्॥ ९॥
एतैर्मन्त्रैः पुराणोक्तैस्तां तां कन्यां समर्चयेत्।

(म. म. १८.१८६-९५)

तत्र हीनाधिकाङ्गी-कुष्ठव्रणयुता-अन्धा-काणा-कुरूपा-केकरा-रोमयुग्देहा-दासीजा-रोगिण्य इत्येवमाद्या वर्ज्याः।

विप्रां सर्वेष्टसंसिद्धौ यशसे क्षत्रियोद्भवाम्।
वैश्यजां धनलाभाय पुत्राप्त्यै शूद्रजां यजेत्॥ इति।

(म. म. १८.१८०)

गन्धपुष्पधूपदीपभक्ष्यभोज्यैर्यथाशक्तिवस्त्राभरणैश्च पूजयेत्॥

अथ पूजनप्रकारः –

वेद्यां विरचिते रम्ये सर्वतोभद्रमण्डले।
घटं संस्थाप्य विधिवत् तत्रावाह्यार्चयेच्छिवाम्॥
तदग्रे कन्यकाश्चापि पूजयेद् ब्राह्मणानपि।
उपचारैस्तु विविधैः नवार्णा वरणानपि॥

(म. म. १८.१९६-९७)

तत्र –

ॐकारः प्रथमं पीठं पूर्णपीठमतः परम्।

तृतीयं कामपीठं च पूजयेत् सम्प्रदायतः॥
पूर्वादिदिक्षु पीठस्य गणेशादिचतुष्टयम्।
गणेशक्षेत्रपालौ च पादुके बटुकास्त्रयः॥
आग्नेयादि चतुर्दिक्षु पूज्यं देवीचतुष्टयम्।
जया च विजया चैव जयन्ती चापराजिता॥

पूर्वोक्तयन्त्रे पूर्वकोणे सरस्वतीसहितो ब्रह्मा, श्रीसहितोविष्णुर्नैर्ऋत्ये, उमयासहितः शिवो वायव्ये।

षटकोणचक्रमध्यस्थमध्यबीजे महालक्ष्मीः, तद्दक्षिणे महाकाली, तद्वामे महासरस्वती। उत्तरे सिंहः, दक्षिणे महिषः।

षट्कोणचक्रेषु – नन्दजा १, रक्तदन्तिका २, शाकम्भरी ३, दुर्गा ४, भीमा ५, भ्रामर्यः ६ – सविन्दुनामाद्यर्णाढ्यास्ताराद्याश्चासां नाममन्त्राः पूजादौ ज्ञेयाः। ॐ नन्दजायै नम इति प्रयोगः।

अष्टपत्रेषु – ब्रह्माणी १, माहेश्वरी २, कौमारी ३, वैष्णवी ४, वाराही ५, नारसिंही ६, इन्द्राणी ७, चामुण्डा ८। उक्तरीत्या नाममन्त्रैः पूज्याः। ॐ ब्रं ब्रह्माण्यै नम इत्यादि प्रयोगः।

ततो विष्णुमायादि चतुर्विंशतिदेवताश्चतुर्विंशतिपत्रेषु प्रागादिक्रमेण नाममन्त्रैः पूज्याः। ताश्च – विष्णुमाया १, चेतना २, बुद्धिः ३, निद्रा ४, क्षुधा ५, छाया ६, शक्तिः ७, तृष्णा ८, क्षान्तिः ९, जातिः १०, लज्जा ११, शान्तिः १२, श्रद्धा १३, कीर्त्तिः १४, लक्ष्मीः १५, धृतिः १६, वृत्तिः १७, श्रुतिः १८, स्मृतिः १९, दया २०, तुष्टिः २१, पुष्टिः २२, माता २३, भ्रान्तिः २४।

नालमूले तु – आधारः १, कूर्मः २, शेषः ३, पृथ्वी ४।

भूपुरकोणेषु – गणेशः १, क्षेत्रपालः २, बटुकः ३, योगिनी ४। एते पूज्याः।

पूर्वादिदिक्षुक्रमेण इन्द्राद्याः – इन्द्रः १, अग्निः २, यमः ३, निर्ऋतिः ४, वरुणः ५, वायुः ६, सौम्यः ७, ईशानः ८, अनन्तः ९, ब्रह्मा १०।

ततो वज्राद्याः – वज्रं १, शक्तिः २, दण्डः ३, खड्गः ४, पाशः ५, अङ्कुशः ६, गदा ७, त्रिशूलं ८, चक्रं ९, पद्मं १०, पूज्याः।

"एवं चतुर्दिनं कृत्वा पञ्चमे होममाचरेत्।"

(म. म. १८.१९८)

तत्र प्रथमदिने एकावृत्तिः। द्वितीयदिने द्वे। तृतीये तिस्रः। चतुर्थे चतस्रः प्रतिब्राह्मणम्।

होमद्रव्याणि –

पायसान्नैस्त्रिमध्वक्तैर्द्राक्षारम्भाफलादिभिः॥
मातुलुङ्गैरिक्षुदण्डैर्नारिकेरैः पुरैस्तिलैः।
जातीफलैराम्रफलैरन्यैर्मधुरवस्तुभिः ॥
सप्तशत्या दशावृत्त्या प्रतिमन्त्रं हुतं चरेत्।
अयुतं च नवार्णेन स्थापितेऽग्नौ विधानतः॥
कृत्वावरणदेवानां होमं तन्नाममन्त्रतः।
कृत्वा पूर्णाहुतिं सम्यग् देवमग्निं विसृज्य च॥
अभिषिञ्चेच्च यष्टारं विप्रौघः कलशोदकैः।
निष्कं सुवर्णमथवा प्रत्येकं दक्षिणां दिशेत्॥
भोजयेच्च शतं विप्रान् भक्ष्यभोज्यैः पृथग्विधैः।
तेभ्योऽपि दक्षिणां दत्वा गृह्णीयादाशिषस्ततः॥
एवं कृते जगद्वश्यं सर्वं नश्यन्त्युपद्रवाः। **इति**।
एतद्दशगुणं कुर्याच्चण्डीसाहस्रके विधिम्।
विद्यावतः सदाचारान् ब्राह्मणान् वृणुयाच्छतम्॥
प्रत्येकं चण्डिकापाठान्विदध्युस्ते दिशामितान्।

चतुर्दिनैरुक्तरीत्येति शेषः।

अयुतं प्रजपेयुस्ते प्रत्येकं नववर्णकम्॥
पूर्वोक्ताः कन्यकाः पूज्याः पूर्वमन्त्रैः शतं शुभाः।
वेदाहमेवं सम्पाद्य होमं कुर्युः प्रयत्नतः॥
सप्तशत्याः शतावृत्त्या प्रतिमन्त्रविधानतः।
लक्षसंख्या नवार्णेन पूर्वोक्तैर्द्रव्यसञ्चयैः॥
होतृभ्यो दक्षिणां दत्वा पूर्वोक्तान् भोजयेद् द्विजान्।
सहस्रसंमितान् साधून् देव्याराधनतत्परान्॥
एवं सहस्रसंख्याके कृते चण्डीविधौ नृणाम्।
सिद्ध्यत्यभीप्सितं सर्वं दुःखौघश्च विनश्यति॥

मारीदुर्भिक्षरोगाद्या नश्यन्ति व्यसनोच्चयाः।

(म. म. १८.१९८-२११)

एतद्दशगुणो विधिरयुतचण्ड्यां, तद्दशगुणो विधिर्लक्षचण्ड्यां, शतब्राह्मणैरेव वा चत्वारिंशद्दिनैरयुतचण्डी कार्या। तत्र प्रथमे दशके एकैकावृत्तिः, द्वितीयदशके द्वे, तृतीये तिस्रः, चतुर्थे चतस्रः इत्यादि बोध्यमिति।

अथ चण्डीपाठहोमे कवचमन्त्रेण होमनिषेधः।

अन्धकश्च महादैत्यो दुर्गाहोमपरायणः।

कवचाहुतिमात्रेण महेशेन निपातितः॥ **इति।**

तत्र कवचम् – शूलेन पाहीत्यादि श्लोकचतुष्टयम्। तदाहुतिचतुष्टयम् – महालक्ष्म्यै स्वाहेत्येवेत्यभियुक्ताः।

अथ प्रयोगक्रमः –

तन्त्रोक्तविधिना शिवालये देव्यालये वा मण्डपं विधाय, तन्मध्ये वेदीं च निर्माय, प्रतीच्यां कुण्डमध्ये वा कृत्वा, कृतनित्यक्रियः स्वस्तिवाचनं कृत्वा संकल्पं कुर्यात्। यथा –

"ॐ तत्सत् अद्येत्याद्यमुकगोत्रस्यामुकशर्मणो मम सपरिवारस्य सर्वबाधाप्रशमनपूर्वकशत्रुचौरराजशस्त्रानलहेतुकभयाभावत्रिविधोत्पातशमन-धनधान्यसुतान्वित्वनिर्भयत्वसर्वसङ्कटविमुक्तिबलपुष्टिधनवृद्धिसुखसौमनस्य नैरुज्यप्राप्तिकामोऽद्यादि यथा कालं शतचण्डीविधानमहं करिष्ये" इति संकल्पं विधाय, मातृकास्थापननन्दीश्राद्धे विधाय, पुरोक्तलक्षणान् दशब्राह्मणान् मधुपर्कवस्त्रहेमादिना वृणुयात्। ते च यजमानदत्तासनेषु तद्दत्तमालाभिः स्वस्थचित्ता भगवतीं स्मरन्तः सप्तशतीमूलमन्त्रेण वेद्यां सर्वतोभद्रे स्वर्णरजतताम्राद्यन्यतमं घटं स्थापयित्वा, तत्र दुर्गामावाह्य, षोडशोपचारैः संपूज्य, तदग्रे प्रत्येकं दशकृत्वः सप्तशतीमयुतं च नवार्णं जपेयुः।

हविष्यभोजनब्रह्मचर्यभूशयनास्पृश्यास्पर्शादिनियमांश्चरेयुः। यजमानश्च वस्त्रालङ्कारविविधपक्वान्नदानादिना उक्तलक्षणलक्षिताः कन्या आवाह्य, "जगत्पूज्ये" इत्यादिस्वस्वमन्त्रैः पूजयेत्। एवं चत्वारि दिनानि जपं कुमारीपूजां समाप्य, पञ्चमदिने कुण्डे स्थण्डिले वागमोक्तविधिना वह्निं संस्थाप्य, पायसान्नादिभिरुक्तद्रव्यैर्जुहुयात्। सप्तशत्याः प्रतिश्लोकं दशवारं

नवार्णेनायुतं च होमे संख्या एकैको द्विजः सकृत्सप्तशतीप्रतिश्लोकं सहस्त्रं मूलेन जुहुयात्। तत आवरणदेवतानां नाममन्त्रैस्ताारादिस्वाहान्तैरेकैकमाहुतिं दत्वा, कुम्भस्थां देवीं, संपूज्य बलिदानं विधाय, होतृभ्यः प्रत्येकं निष्कं निष्कं अशक्तौ सुवर्णमितं स्वर्णं दद्यात्। इति शतचण्डीप्रकारः।

॥ अथ सहस्रचण्डीविधानम् ॥

यथा – तत्र शतविप्रवरणम्। एते शतं ब्राह्मणाः प्रत्येकं दशदशसप्तशतीपाठान् कुर्युः। अयुतमयुतं नवार्णजपं च कुर्युः शतकन्याश्च भोज्याः पूज्याश्च। एवं दशदिनेषु समाप्तेषु एकादशेह्नि सप्तशतीशतावृत्या प्रतिश्लोकं लक्षसंख्यो नवार्णैर्होमः। शेषं पूर्ववत्। इति सहस्रचण्डीविधानम्।

एवं सहस्रचण्डी दशगुणोऽयुतचण्डीविधिः। तद्दशगुणो **लक्षचण्डीविधि**रिति। जपे होमे दक्षिणायां कुमारीभोजने ब्राह्मणभोजने च दशगुणत्वमिति।

अथ प्रयोगान्तराणि **कात्यायनीतन्त्रो**क्तानि। प्रतिमन्त्रमाद्यन्तयोः प्रणवं जपेन्मन्त्रसिद्धिः। अग्रे सर्वत्र श्लोकपदं मन्त्रोपलक्षणम् ॥ १ ॥

सप्रणवमनुलोमव्याहृतित्रयमादावन्ते तु विलोमं तदित्येवं प्रतिश्लोकं कृत्वा शतावृत्तिपाठेऽतिशीघ्रं सिद्धिः ॥ २ ॥

प्रतिश्लोकमादौ जातवेदस इति ऋचं पठेत्। सर्वकामसिद्धिः। ऋचमपि लिख्यते–

जातवेदसे सुनवाम सोममराती यतो नि दहाति वेदः।
स नः पर्षदति दुर्गाणि विश्वा नावेव सिन्धुं दुरितात्यग्निः ॥ **इति ऋक् ॥ ३ ॥**

अपमृत्युवारणाय आदावन्ते शतं त्र्यम्बकमन्त्रं जपेत् ॥ ४ ॥

प्रतिश्लोकं तन्मन्त्रजप इत्यन्यत् ॥ ५ ॥

प्रतिश्लोकं **"शरणागतदीनार्त्त"** श्लोकं पठेत्। सर्वकार्यसिद्धिः ॥ ६ ॥

प्रतिश्लोकं **"करोतु सा नः शुभहेतुरीश्वरी"** इत्यर्द्धं पठेत्। सर्वकामावाप्तिः ॥ ७ ॥

स्वाभीष्टवरप्राप्त्यै **"एवं देव्या वरं लब्ध्वा"** इतिश्लोकं प्रतिश्लोकं पठेत् ॥ ८ ॥

सर्वापन्निवारणार्थं प्रति श्लोकं **"दुर्गे स्मृता"** इति पठेत् ॥ ९ ॥

अस्य केवलस्यापि श्लोकस्य कार्यानुसारेण लक्षमयुतं सहस्रं शतं वा जपः ॥ १० ॥

"सर्वाबाधा" इत्यस्य लक्षजपे श्लोकोक्तं फलम् ॥ ११ ॥

"इत्थं यदा यदा" इति श्लोकस्य लक्षजपे महामारीशान्तिः ॥ १२ ॥

"ततो वव्रे नृपो राज्यम्" इतिमन्त्रस्य लक्षजपे पुनः स्वराज्यलाभः ॥ १३ ॥

"हिनस्ति दैत्यतेजांसि" इत्यनेन सदीपबलिदाने घण्टाबन्धने च बालग्रहशान्तिः ॥ १४ ॥

आद्यावृत्तिमनुलोमेन पठित्वा, ततो विपरीतक्रमेण द्वितीयां कृत्वा, पुनरनुलोमेनेत्येवमावृत्तित्रयेण उक्तेषु प्रकारेषु शीघ्रं कार्यसिद्धिः ॥ १५ ॥

सर्वापन्निवारणाय **"दुर्गे स्मृता"** इत्यर्द्धम्। ततः **"यदन्तिके यच्च दूरके भयं विन्दति मामिह। पवसानरी तज्जहि"** इति ऋचम्। तदन्ते **"दारिद्र्यदुःख"** इत्यर्द्धमेवं कार्यानुसारेण लक्षमयुतं सहस्रं वा शतं जपः ॥ १६ ॥

कां सोस्मितां हिरण्यप्रकारामार्द्रां ज्वलन्तीं तृप्तां तर्पयन्तीम्।
पद्मे स्थितां पद्मवर्णां तामिहोप ह्वये श्रियम् ॥

– इति ऋचं प्रतिश्लोकं पठेल्लक्ष्मीप्राप्तिः। प्रतिश्लोकं **"अनृणा अस्मिन्"** इतिमन्त्रं पठेदृणपरिहारः ॥ १७ ॥

मारणार्थम् **"एवमुक्त्वा समुत्पत्य"** इति प्रतिश्लोकं पठेत्। मारणोक्तवृत्तिभिः फलसिद्धिः ॥ १८ ॥

"ज्ञानिनामपि चेतांसि" इतिश्लोकजपमात्रेण सद्यो मोहनमित्यनुभवसिद्धम्। प्रतिमन्त्रं तच्छ्लोकपाठे त्ववश्यं मोहनम् ॥ १९ ॥

"रोगानशेषान्" इतिश्लोकस्य प्रतिश्लोके पाठे सकलरोगनाशः ॥ २० ॥

तन्मात्रजपेऽपि सः ॥ २१ ॥

"इत्युक्ता सा तदा देवी गम्भीर" इतिश्लोकस्य प्रतिश्लोकपाठे पृथग्जपे वा विद्याप्राप्तिः ॥ २२ ॥

वाग्वैकृतनाशश्च ॥ २३ ॥

"भगवत्या कृतं सर्वम्" इत्यादिद्वादशोत्तरशताक्षरो मन्त्रः सर्वकामदः सर्वापन्निवारकश्च ॥ २४ ॥

"देवि प्रपन्नार्तिहरे" इतिश्लोकस्य यथाकार्यं लक्षायुतसहस्रशतान्यतमे जपे प्रतिश्लोकपाठे वा सर्वापन्निवृत्तिः सर्वकामावाप्तिश्च ॥ २५ ॥

एषु प्रयोगेषु प्रतिश्लोकं दीपाः केवलनमस्कारेण वा सिद्धिः ॥ २६ ॥

प्रतिश्लोकं कामबीजसंपुटितस्यैकचत्वारिंशद्दिनं त्रिरावृत्तौ सर्वकामसिद्धिः ॥ २७ ॥

एकविंशतिदिनमुक्तरीत्या प्रत्यहं द्वादशावृत्तौ वशीकरणम् ॥ २८ ॥

मायाबीजसंपुटितस्य कूटपल्लवसहितस्य सप्तदिनपर्यन्तं त्रयोदशावृत्तावुच्चाटनसिद्धिः ॥ २९ ॥

एकोनपञ्चाशद्दिनपर्यन्तं प्रतिश्लोकं श्रीबीजसंपुटितस्य पञ्चदशावृत्या लक्ष्मीप्राप्तिः ॥ ३० ॥

॥ अथ कामनाभेदेन ध्यानभेदः ॥

वश्ये रक्तम्, पौष्टिके कर्बुरम्, उच्चाटने धूम्रम्, मारणे कृष्णम्, सन्तानार्थं नीलोत्पलदलश्यामम्, रत्नाकारध्यानं सर्वकामदम्, युद्धे कालाग्निसमम्, जलभये महाशोषयुक्तम्, विषादिभये पीयूषवृष्टियुक्तपूर्णचन्द्रसदृशं ध्यायेत्।

॥ इति श्रीजीवनाथकृते दीक्षाप्रकाशे सप्तशतीपाठविधिः ॥ ८ ॥

***

नवमः प्रकाशः

।।अथ पार्थिवपूजाप्रकारः।।

ॐ सद्योजातं प्रपद्यामि सद्योजाताय वै नमः।

भवे भवे नातिभवे भवस्व मां भवोद्भवाय नमो नमः॥

।इति मन्त्रेण मृत्तिकाग्रहणम्।

ॐ वामदेवाय नमो ज्येष्ठाय नमः श्रेष्ठाय नमो रुद्राय नमः कालाय नमः कलविकरणाय नमो बलविकरणाय नमो बलप्रमथनाय नमः सर्वभूतदमनाय नमो मनोन्मनाय नमः॥

।इति मन्त्रेण जलक्षेपः।

ततः –

ॐ अघोरेभ्योऽथ घोरेभ्यो घोरघोरतरेभ्यः।

सर्वतः सर्वशर्वेभ्यो नमस्ते अस्तु रुद्ररूपेभ्यः॥

।इति लिङ्गकरणम्।

ॐ तत्पुरुषाय विद्महे महादेवाय धीमहि।

तन्नो रुद्रः प्रचोदयात्॥

।इति बाणं कुर्यात्।

ॐ ईशानः सर्वविद्यानामीश्वरः सर्वभूतानां ब्रह्माधिपतिर्**ब्रह्मणो-ऽधिपतिर्ब्रह्मा शिवो मे अस्तु सदाशिवोम्॥**

।इति वेदिकायां बाणं संयोज्य ध्यायेत्।

तद्यथा –

ॐ ध्यायेन्नित्यं महेशं रजतगिरिनिभं चारुचन्द्रावतंसं

रत्नाकल्पोज्ज्वलाङ्गं परशुमृगवराभीतिहस्तं प्रसन्नम्।

पद्मासीनं समन्तात्स्तुतममरगणैर्व्याघ्रकृत्तिं वसानं

विश्वाद्यं विश्वबीजं निखिलभयहरं पञ्चवक्त्रं त्रिनेत्रम्॥

कर्पूरगौरं करुणावतारं संसारसारं भुजगेन्द्रहारम्।

सदा रमन्तं हृदयारविन्दे भवं भवानीसहितं नमामि॥
कैलासपीठासनमध्यसंस्थं
भक्तैश्च नन्द्यादिभिरर्च्यमानम्।
भक्तार्तिदावानलमप्रमेयं
ध्यायेदुमालिङ्गितमिन्दुभूषम्॥

*इति ध्यात्वा बिल्वपत्रं सुगन्धपुष्पाक्षतं गृहीत्वा, **"ॐ मनोज्योतिः"** इति मन्त्रेण प्राणप्रतिष्ठां कुर्यात्। मन्त्रो यथा –*

ॐ मनो ज्योतिर्जुषतामाज्यस्य बृहस्पतिर्यज्ञमिमं तनोत्वरिष्टम्।
यज्ञं शमिमं दधातु विश्वेदेवास इह मोदन्तामों प्रतिष्ठ॥

तत इमं पठेत् –

स्वामिन् सर्वजगन्नाथ यावत्पूजावसानकम्।
तावत्त्वं प्रीतिभावेन लिङ्गेऽस्मिन् सन्निधिं कुरु॥

ततः पाद्यम् –

ॐ भवाय भवनाशाय महादेवाय धीमहि।
उग्राय चोग्रनाशाय शर्वाय शशिमौलिने॥

नमः शिवाय इदं पाद्यम्।

ॐ साम्बशिवाय नमः। इदमर्घ्यं स्वाहा। इदमाचमनीयं स्वधा। इमं मधुपर्कं स्वधा। इदमनुलेपनम्। एतानि पुष्पाणि। ॐ साम्बशिवाय वौषट्। विल्वपत्राणि दत्वा,

ॐ शर्वाय क्षितिमूर्तये नमः – ऐशान्याम्। ॐ भवाय जलमूर्तये नमः – प्राच्याम्। ॐ रुद्रायाग्निमूर्तये नमः – आग्नेयाम्। ॐ उग्राय वायुमूर्तये नमः – दक्षिणस्याम्। ॐ भीमायाकाशमूर्तये नमः – नैर्ऋत्याम्। ॐ पशुपतये यजमानमूर्तये नमः – वारुण्याम्। ॐ महादेवाय सोममूर्तये नमः – वायव्याम्। ॐ ईशानाय सूर्यमूर्तये नमः – उत्तरस्याम्। ॐ नमः शिवायेति पुष्पाञ्जलिं दद्यात्। एष धूपः नमः। एष दीपः नमः। एतानि नैवेद्यानि निवेदयामि। इदं ताम्बूलं नमः। ततः –

नमः ॐकाररूपाय नमोऽक्षरवपुर्भृते।
नमो नादात्मने तुभ्यं नमो बिन्दुकलात्मने॥

अलिङ्गलिङ्गरूपाय रूपातीताय ते नमः।
त्वं माता सर्वलोकानां त्वमेव जगतः पिता॥
त्वं भ्राता त्वं सुहृन्मित्रं त्वं प्रियः प्रियरूपधृक्।
त्वं गुरुस्त्वं गतिः साक्षात् त्वं पिता त्वं पितामहः॥
नमस्ते भगवन् रुद्र भास्करामिततेजसे।
नमो भवाय रुद्राय उमया सहिताय च॥
शर्वाय क्षितिपालाय सदा सुरभिदे नमः।
पशूनां पतये चैव पावकामिततेजसे॥
भीमाय व्योमरूपाय शब्दमात्राय ते नमः।
महादेवाय सोमाय अमृताय नमो नमः।
उग्राय यजमानाय नमस्ते कर्मयोगिने॥

ॐ हराय नमः। ॐ महेश्वराय नमः। ॐ शूलपाणये नमः। मृत्तिकाग्रहणम्। निर्माणं कुर्यात्।

प्राणप्रतिष्ठा – ॐ शूलपाणे इह सुप्रतिष्ठितो भव। मनोज्योतिरिति पठेत्।

ॐ पिनाकधृते नमः। ॐ पशुपतये नमः। ॐ शिवाय नमः। आवाहनम्। पिनाकधृक् स्नपनं कुर्यात्। पूजनम् – इहागच्छ इति। ॐ महादेवाय नमः।

विसर्जनम् –

पार्थिवस्य च लिङ्गस्य यन्मया पूजनं कृतम्।
अनेन भगवान् रुद्रो वाञ्छितार्थं प्रयच्छतु॥

– इति प्रणम्य लिङ्गानि विसर्जयेत्।

नमो भवाय रुद्राय शिवाय च नमो नमः॥
ईशानाय वृषांकाय भीमोग्राभ्यां नमो नमः।
महादेवाय गुप्ताय वासुदेववराय च॥
वासुदेवाय शान्ताय तथोमापतये नमः।
नमश्च नीलकण्ठाय शितिकण्ठाय ते नमः॥
गोपते शंकरायै च सदा सर्वमयाय च।
प्रातः सम्पूज्य सायं च कृताञ्जलिपुटः स्थितः॥
ऊनविंशति नामानि पठते यो नरोत्तमः।

स पापैर्मुच्यते सर्वैर्दिवि देवैश्च पूज्यते॥
तस्य स्तोत्रस्य पठनाद्दहेत्पापं शिवं व्रजेत्।

वारं वारं प्रणमेत्। अर्द्धचन्द्राकारां प्रदक्षिणां कुर्यात्।

गच्छ गच्छ परं स्थानं स्वस्थानं परमेश्वर।
पूजाराधनकाले च पुनरागमनाय च।

ॐ साम्बशिवपूजितोऽसि प्रसीद शिव स्वस्थानं गच्छेति वदेत्।

।।अथ शिवरात्रिव्रतविधिः।।

प्रातः स्नात्वा, नित्यकर्म कृत्वा, मासपक्षाद्युल्लिख्य, "मम जन्म-जन्मान्तरार्जितपापक्षयार्थमक्षयभोगमोक्षप्राप्त्यर्थं शिवरात्रिव्रतमहं करिष्ये" इति संकल्प्य षोडशोपचारैः शिवपूजां कुर्यात्। तत्र पूजा –

आगच्छ देवदेवेश मर्त्यलोकहितेच्छया।
पूजयामि विधानेन प्रसन्नः सुमुखो भव॥

।इत्यावाहनम्।

पादासनं कुरु प्राज्ञ निर्मलं स्वर्णनिर्मितम्।
भूषितं विविधै रत्नैरिदं त्वं पादुकासनम्॥

।इत्यासनम्।

गङ्गादिसर्वतीर्थेभ्यो मया प्रार्थनया हृतम।
तोयमेतत्सुखस्पर्शं पाद्यार्थं प्रतिगृह्यताम्॥

।इति पाद्यम्।

गन्धोदकेन पुष्पेण चन्दनेन सुगन्धिना।
अर्घ्यं गृहाण देवेश भक्तिं मे ह्यचलां कुरु॥

।इत्यर्घ्यम्।

मन्दाकिन्याः समानीतं हेमाम्भोरुहवासितम्।
स्नानायते मया भक्त्यानीतं स्वीक्रियतां विभो॥

।इति स्नानम्।

वस्त्रं सूक्ष्मं दुकूलं च देवानामपि दुर्लभम्।
गृहाण त्वमुमाकान्त प्रसन्नो भव सर्वदा॥

।इति वस्त्रम्।

श्रीखण्डं चन्दनं दिव्यं मलयाचलसम्भवम्।
विलेपनं सुरश्रेष्ठ गृहाण परमेश्वर॥

।इति गन्धः।

यज्ञोपवीतं सहजं ब्रह्मणा निर्मितं पुरा।
आयुष्यं भव वर्चस्वमुपवीतं गृहाण मे॥

।इति यज्ञोपवीतम्।

माल्यादीनि सुगन्धीनि मालत्यादीनि वै प्रभो।
मया हृतानि पूजार्थं गृहाण परमेश्वर॥

।इति पुष्पम्।

वनस्पति रसो धूपो गन्धाढ्यः सुमनोहरः।
आघ्रेयः सर्वदेवानां धूपोऽयं प्रतिगृह्यताम्॥

।इति धूपः।

आज्यं त्रिवर्तिसंयुक्तं वह्निना योजितं मया।
दीपं गृहाण देवेश त्रैलोक्यतिमिरापहम्॥

।इति दीपः।

इदं दिव्यान्नममृतं रसैपड्भिः समन्वितम्।
गृहाण देवदेवेश नैवेद्यमुमया सह॥

।इति नैवेद्यम्।

पूंगीफलं महद्दिव्यं नागबल्लीदलैर्युतम्।
कर्पूरादिसमायुक्तं ताम्बूलं प्रतिगृह्यताम्॥

।इति ताम्बूलम्।

इदं फलं मया देव स्थापितं पुरतस्तव।
तेन प्रीत उमाधीश भव स्वर्गफलप्रदः॥

।इति फलस्थापनम्।

हिरण्यगर्भगर्भस्थं हेमबीजं विभावसोः।
अनन्तपुण्यफलदमतः शान्तिं प्रयच्छ मे॥

।इति दक्षिणा।

ततः पुष्पाञ्जलिं दत्वा, नीराजनं विधाय, प्रदक्षिणां कुर्यात्।

अथ शिवरात्रौ प्रहरचतुष्टये पूजाविधिः –

न स्नानेन न वस्त्रेण न च धूपेन नार्चया।
तुष्यामि न तथा पुष्पैर्यथा रात्र्युपवासतः॥
ततो रात्रौ प्रकर्तव्यं शिवप्रीणनतत्परैः।
प्रहरे प्रहरे स्नानं पूजा चैव विशेषतः॥

अत्र वीप्सया प्रहरचतुष्टयपूजनं प्रतीयत इति।

नरसिंहचर्यायाम् –

शैवो वा वैष्णवो वापि यदि स्यादन्यपूजकः।
सर्वं पूजाफलं हन्ति शिवरात्रि बहिर्मुखः॥

संवत्सरप्रदीपे –

दुग्धेन प्रथमं स्नानं दध्ना चैव द्वितीयके।
तृतीये तु तथाज्येन चतुर्थे मधुना तथा॥

ईशानसंहितायाम् –

फाल्गुने कृष्णचतुर्दश्यां रविवारो यदा भवेत्।
भौमो वाऽपि भवेद्देवि कर्तव्यं व्रतमुत्तमम्॥
शिवयोगस्य योगेन तद्भवेदुत्तमोत्तमम्।
शिवरात्रिव्रतं नाम सर्वपापविनाशनम्॥
आचाण्डालमनुष्याणां भुक्तिमुक्तिप्रदायकम्।

नागरखण्डे –

उपवासप्रभावेण बलादपि च जागरात्।
शिवरात्रेस्तथा तस्य लिङ्गस्यापि प्रपूजनात्।
अक्षयांल्लभते कामान् शिवसायुज्यमाप्नुयात्॥

पद्मपुराणे –

वर्षे वर्षे महादेवि नरो नारी पतिव्रता।
शिवरात्रौ महादेवं कामभक्त्या प्रपूजयेत्॥

ईशानसंहितायाम् –

एवमेव व्रतं कुर्यात् प्रतिसंवत्सरं व्रती।

चतुर्दशाब्दिकं तद्धि चतुर्विंशाब्दिकं तथा।
सर्वान् कामानवाप्नोति सर्वपापैः प्रमुच्यते॥

अथ प्रयोगः –

प्रातरुदङ्मुखः। ॐ तत्सदित्युच्चार्य सूर्यसोमइति पठित्वा जलादीन्यादाय,

शिवरात्रिव्रतं ह्येतत् करिष्येऽहं महाफलम्।
निर्विघ्नमस्तु मे चात्र त्वत्प्रसादाज्जगत्पते॥

इत्यनेन व्रतनियमग्रहणं कुर्यात्।

पुनर्जलमादाय, "ॐ सौभाग्यादिसमस्तभोगमोक्षावाप्तिकामः शिवरात्रिव्रतमहं करिष्ये" इति। ततो मन्त्रं पठेत्।

चतुर्दश्यां निराहारो भूत्वा शम्भोः परेऽहनि।
भोक्ष्येऽहं भुक्तिमुक्त्यर्थं शरणं मे भवेश्वर॥

ततो रात्रौ प्रथमप्रहरे प्रतिष्ठिते लिङ्गे अप्रतिष्ठिते वा प्रतिष्ठां विधाय, पूजां कुर्यात्। "हः अस्त्राय फट्" इति पादघातत्रयेण भूमि निःसार्य, तेनैव तालत्रयेण करत्रुटिकया दिग्बन्धनं भूतशुद्ध्यादिकं च विधाय,

हां हृदयाय नमः। हीं शिरसे स्वाहा। हूं शिखायै वषट्। हैं कवचाय हुम्। हौं नेत्रत्रयाय वौषट्। हः अस्त्राय फट्। इति तालत्रयम्।

छोटिकया दशदिग्बन्धनं कृत्वा, हौमिति मन्त्रेण प्राणायामं विधाय, पार्थिवशिवलिङ्गे उक्तविधिना शिवं पूजयेत्।

तत्रायं विशेषः – हौं ईशानाय नमः। प्रथमप्रहरे दुग्धेन स्नापयित्वा पुनर्जलेन स्नापयेत्। ततः –

शिवरात्रिव्रतं देव पूजाजपपरायणः।
करोमि विधिवद्दानं गृहाणार्घ्यं महेश्वरः॥

इत्यनेनार्घ्यं दत्वा गन्धादिभिः पूजयित्वा, प्रणम्य, गीतवाद्यस्तवपाठतत्कथाश्रवणादिभिः प्रहरं नयेत्।

तद्ध्यानं तज्जपः स्नानं तत्कथाश्रवणादिकम्।
उपवासकृतो ह्येते गुणाः प्रोक्ताः पुरातनैः॥

अथ द्वितीयप्रहरे –

हौं ॐ अघोराय नम इति दध्या स्नानम्। ततः –

ॐ नमः शिवाय शान्ताय सर्वपापहराय च।
शिवरात्रौ ददाम्यर्घ्यं प्रसीद उमया सह॥

इत्यर्घ्यं दत्वा पूजादिकं पूर्ववत्।

ततस्तृतीयप्रहरे –

ॐ हौं सद्योजाताय नम इति घृतेन स्नानम्। अर्घ्यमन्त्रस्तु –

दुःखदारिद्र्यशोकेन दग्धोऽहं पार्वतीप्रिय।
शिवरात्रौ ददाम्यर्घ्यमुमाकान्त प्रसीद मे॥

अन्यत्प्रथमप्रहरवत्कुर्यात्।

चतुर्थप्रहरे –

ॐ हौं तत्पुरुषाय नम इति मधुना स्नानम्। अर्घ्यमन्त्रस्तु –

मया कृतान्यनेकानि पापानि हर शंकर।
शिवरात्रौ ददाम्यर्घ्यमुमाकान्त गृहाण मे॥

अन्यत्पूर्ववत्।

ततः ॐ नमः शिवायेति मूलमन्त्रं जप्तो अविघ्नेनेति मन्त्रं पठेत्। मन्त्रो यथा –

ॐ अविघ्नेन व्रतं देव त्वत्प्रसादात्समर्पितम्।
क्षमस्व जगतांनाथ त्रैलोक्याधिपते हर॥
यन्मयात्र कृतं पुण्यं तच्च तुभ्यं निवेदितम्।
त्वत्प्रसादान्महादेव व्रतमद्य समर्पितम्॥
प्रसन्नो भव मे देव सद्गतिं देहि शङ्कर।
त्वदालोकनमात्रेण पवित्रोऽस्मि न संशयः॥

ततः परदिने ब्राह्मणान् भोजयित्वा मन्त्रं पठेत्। यथा –

संसारक्लेशदग्धस्य व्रतेनानेन शङ्कर।
प्रसीद सुमुखो नाथ ज्ञानदृष्टिप्रदो भव॥

– इत्युक्त्वा स्मरणं कुर्यात्।

॥ इति शिवरात्रिपूजाविधानं सम्पूर्णम्॥

।। अथ शिवपूजायां विशेषः ।।

रात्रावुदङ्मुखः कुर्यात् पूजां पूर्वमुखो दिवा।
शिवार्चनं सदाऽप्येवं शुचिः कुर्यादुदङ्मुखः॥

सदेति दिवारात्रौ। अत्र हेतुं दर्शयति ***रुद्रयामले*** *–*

न प्राचीमग्रतः शम्भोर्नोदीचीं शक्तिसंस्थिताम्।
न प्रतीचीं यतः पृष्ठमतो दक्षं समाश्रयेत्॥

यजमानः शम्भोः प्राचीमवस्थितो यजनं न समाश्रयेत्। शम्भोर्जगत्संहारकस्याग्रतः सांमुख्यात्। पञ्चवक्त्रपक्षे प्रधानं वक्त्रं प्राचास्तु स्थितम्। एकवक्त्रपक्षे तद्रूपमाह ***आदित्यपुराणे*** *–*

सौम्यमौलीन्दुसूच्यक्षमेकवक्त्रं चतुर्भुजम्।
शूलपङ्कजहस्तं च वरदाभयपाणिकम्॥
आयताक्षं सुराराध्यं सर्वाभरणभूषितम्।
शिवरूपं गृहे कुर्यात् प्रासादे वाप्यानन्दितम्॥

अत्राग्रे पूजानिषेधात्। ***"देवाग्रे स्वस्य चाप्यग्रे प्राची प्रोक्ता गुरूत्तमैः"*** *इत्यस्य न विषय इति। किन्त्वभिधानादिप्रसिद्धप्राचीपरा ग्राह्या। एतदनुसारादेव वक्ष्यमाणपूर्वाद्याग्नेयान्तपूजा।*

यत्रैव भानुस्तु वियत्युदेति
प्राचीति तां वेदविदो वदति।
अतः परां पूजकदेवयोश्च
सदागमज्ञाः प्रवदन्ति तां च॥

इति वचनात्।

अथ विशेषं दर्शयति लिङ्गपुराणम् –

विना भस्मत्रिपुण्ड्रेण विना रुद्राक्षमालया।
पूजितोऽपि सदा शम्भुर्न्न स्यात्तस्य फलप्रदः॥
"तस्मान्मृदापि कर्तव्यं ललाटे च त्रिपुण्ड्रकम्" इति **स्कन्दपुराणे।**

रुद्राक्षं कण्ठदेशे दशनपरिमितं मस्तके विंशती द्वे

षट् षट् कर्णप्रदेशे करमणियुगले द्वादशाद्वादशैव।
बाह्वोरिन्दोः कलाभिः पृथगिति च शिखासूत्र एकं मनुष्यो
वक्षस्यष्टोतरं यः कलयति च शतं स स्वयं नीलकण्ठः॥

।इति।

संवत्सरप्रदीपे –

त्रिपुरस्य वधे काले रुद्रस्याक्षणोः पतन्ति ये।
अश्रूणा विन्दवस्ते तु रुद्राक्षा अभवन् भुवि॥

अथ स्कान्दे –

एकद्वित्रिचतुष्पञ्चषट्सप्तवसवो नव।
दशैकादशद्वादश त्रयोदशचतुर्दश॥
एतेषां तु मुखानां हि देवता स च शङ्करः।
गुह्यं गुह्यतरं देव कथयस्व यथार्थतः॥

श्रीशङ्कर उवाच

शृणु षण्मुख तत्त्वेन वक्त्रे वक्त्रे यथाक्रमम्।
एकवक्त्रः शिवः साक्षात् ब्रह्महत्यां व्यपोहति॥
द्विवक्त्रो देवदेवश्च गोवधादिविनाशकः।
त्रिवक्त्रो दहनः साक्षाद् भ्रूणहत्यां व्यपोहति॥
चतुर्वक्त्रः स्वयं ब्रह्मा नरहत्यां व्यपोहति।
पञ्चवक्त्रः स्वयं रुद्रः कालाग्निर्नामनामतः॥
अगम्यागमने चैव अभक्ष्यस्यापि भक्षणे।
मुच्यते सर्वपापेभ्यः पञ्चवक्त्रस्य धारणात्॥
षट्वक्त्रः कार्त्तिकेयस्तु धर्तव्यो दक्षिणेभुजे।
ब्रह्महत्यादिभिः पापैर्मुच्यते नात्र संशयः॥
सप्तवक्त्रो महासेन अनन्तो नाम नागराट्।
गुरुतल्पादिभिः पापैर्मुच्यते नात्र संशयः॥
अष्टवक्त्रो महासेनः साक्षाद्देवो विनायकः।
पृष्ठोदरकरेणापि संस्पृशेद्वा गुरुस्त्रियम्॥

एवमादीनि पापानि ह्यतिपापानि सर्वशः।
विघ्नास्तस्य विनश्यन्ति मुक्तो याति परां गतिम्॥
एते गुणा भवन्त्यस्य अष्टवक्त्रस्य धारणात्।
नवास्यो भैरवः साक्षाद् धारयेद् वामके भुजे॥
कापिलो मुक्तिदः साक्षान्मम तुल्यफलं लभेत्।
लक्षकोटिसहस्राणि ब्रह्महत्यां करोति यः॥
तत्सर्वं दहते शीघ्रं नववक्त्रस्य धारणात्।
दशवक्त्रो महासेनः साक्षाद्देवो जनार्दनः॥
ग्रहाश्चैव पिशाचाद्या वेताला ब्रह्मराक्षसाः।
सर्पाश्च सर्वे नश्यन्ति दशवक्त्रस्य धारणात्॥
एकादशास्य रुद्राक्षो रुद्रा एकादश स्मृताः।
शिखायां धारयेन्नित्यं तस्य पुण्यफलं शृणु॥
अश्वमेधसहस्रस्य वाजपेयशतस्य च।
हेमशृङ्गस्य लक्षस्य सम्यग्दत्तस्य यत्फलम्॥
तत्फलं समवाप्नोति रुद्रवक्त्रस्य धारणात्।
रुद्राक्षो द्वादशास्यस्तु कण्ठदेशे च धारयेत्॥
आदित्यस्तुष्यते नित्यं द्वादशार्कव्यवस्थितम्।
एवं त्रयोदशास्यश्च चतुर्दशमुखस्तथा॥
अनन्तफलदावेतौ गुणं वक्तुं न शक्यते।
चतुर्दशमुखं चैवं शिखायां धारयेद् बुधः॥
विना मन्त्रेण रुद्राक्षं यो धत्ते भुवि मानवः।
स याति नरकं घोरं यावदिन्द्राश्चतुर्दश॥
रुद्राक्षस्य प्रतिष्ठायां मन्त्रः पञ्चाक्षरः स्मृतः।

ॐ त्र्यम्बकं वा अघोरमन्त्रं विशेषेण प्रयोजयेत्।

पञ्चामृतं पञ्चगव्यं स्नानकाले प्रयोजयेत्।
अल्पेनापि च मन्त्रेण रुद्राक्षस्य द्विजोत्तम॥
प्रतिष्ठां विधिवत्कुर्यात् ततोऽधिकफलं लभेत्।
ततो यथा सुमन्त्रेण धारयेद् भक्तिसंयुतः॥

अथा मन्त्रो यथा –

ॐ ॐ भृं शं नमः ॥ १ ॥ ॐ ॐ नमः ॥ २ ॥ ॐ ह्रीं नमः ॥ ३ ॥ ॐ हं नमः ॥ ४ ॥ ॐ हुं नमः ॥ ५ ॥ ॐ ॐ हुँ हुँ नमः ॥ ६ ॥ ॐ सः हं नमः ॥ ७ ॥ ॐ हं नमः ॥ ८ ॥ ॐ ह्रीं नमः ॥ ९ ॥ ॐ श्रीं नमः ॥ १० ॥ ॐ ह्रीं ह्रूं नमः ॥ ११ ॥ ॐ क्षां क्षौं नमः ॥ १२ ॥ ॐ नमः ॥ १३ ॥ ॐ नमो नमः ॥ १४ ॥

अथ प्रकारान्तरोक्तमन्त्राः –

ॐ ऐं ॥ १ ॥ ॐ श्री ॥ २ ॥ ॐ कूं ॥ ३ ॥ ॐ द्रः ॥ ४ ॥ ॐ ह्रीं ॥ ५ ॥ ॐ ह्रीं ॥ ६ ॥ ॐ ह्रीं ॥ ७ ॥ ॐ ब्रूं रां ॥ ८ ॥ ॐ ह्रां ॥ ९ ॥ ॐ ह्रीं ॥ १० ॥ ॐ ह्रीं ॥ ११ ॥ ॐ क्ष्रौं स्त्रीं ॥ १२ ॥ ॐ उमां ॥ १३ ॥ ॐ नमो नमः ॥ १४ ॥

यथाऽप्येकादिचतुर्दशमुखरुद्राक्षेषु फलमन्त्रविशेषाः सन्ति तथापि सुलभत्वात्पञ्चवक्त्ररुद्राक्षं विधिपूर्वकं धारयेत्।

पञ्चवक्त्रः स्वयंरुद्रः कालाग्निर्न्नामनामतः।
अगम्यागमने चैव अभक्ष्यस्यापि भक्षणे॥
मुच्यते सर्वपापेभ्यः पञ्चवक्त्रस्य धारणात्।

इत्युक्तेः। "ॐ हुं नमः इति" प्रत्येकमष्टोत्तरशतं जप्त्वाऽम्भसा प्रक्षाल्य धारयेत्।

लिङ्गपुराणे –

आयुष्मान् बलवान् श्रीमान् पुत्रबान्धवान् सुधीः।
वरमिष्टं लभेल्लिङ्गं पार्थिवं यः समर्चयेत्॥
तस्मात्पार्थिवं लिङ्गं ज्ञेयं सर्वार्थसाधनम्।
वार्क्षं वित्तप्रदं ज्ञेयं स्फाटिकं सर्वकामदम्॥
नार्मदं गिरिजं श्रेष्ठमन्यदपीह लिङ्गवत्।

कालकौमुद्याम् –

अक्षादल्पप्रमाणं हि न लिङ्गं कुत्रचिन्नरः।
कुर्वीताङ्गुष्ठतो ह्रस्वं न कदाचित्समाश्रयेत्॥ इति।

अक्षोऽशीति रक्तिका।

ब्रह्मपुराणे –

यावन्न दीयते चार्घ्यो भास्कराय निवेदितः।
तावन्न पूजयेद्विष्णुं शङ्करं च महेश्वरीम्॥
सर्वत्रैव प्रशस्तोऽब्जः शिवसूर्यार्चनं विना।

अब्जः शङ्खम्।

तल्लिङ्गे पूजयेन्मन्त्री सर्वदेवान् पृथक् पृथक्।

देवीपुराणे –

मृदाहरणसंघट्टौ प्रतिष्ठाह्वानमेव च।
स्नपनं पूजनं चैव विसर्जनमतः परम्॥
हरो महेश्वरश्चैव शूलपाणिः पिनाकधृक्।
पशुपतिः शिवश्चैव महादेव इति क्रमात्॥

अत्र पूर्वोक्तसप्तकर्मणि परवचनोक्तसप्तनामभिः क्रियास्वरूपविभक्तिमभिधाय यथायथं कार्याणि। अदृष्टार्थयोरर्थक्रमासम्भवे पाठक्रमादेवावाहनात्प्राक् प्रतिष्ठाश्राद्धे कुशासनदानवदिति तत्रानुष्ठानम्। यथा –

ॐ हराय नम इति मृदाहरणम्। ॐ महेश्वराय नम इति संघट्टनम्। ॐ शूलपाणये नम इति प्राणप्रतिष्ठा।

ततो ध्यानम् – ***"ध्यायेन्नित्यं महेशम्"*** इत्यादिना।

ततः ॐ पिनाकधृते नम इत्यावाह्य, ॐ पशुपतये नम इति स्नपनं विधाय। ॐ शिवाय नम इति पूजयेत्। विसर्जनात्पूर्वं प्राच्यैशान्याद्यष्टदिक्षु वामावर्तेन पूजने –

ॐ शर्वाय क्षितिमूर्तये नमः – पूर्वे। १।

ॐ भवाय जलमूर्त्तये नमः – ऐशान्याम्। २।

ॐ रुद्रायाग्निमूर्त्तये नमः – उत्तरे। ३।

ॐ उग्राय वायुमूर्तये नमः – वायव्याम्। ४।

ॐ भीमायाकाशमूर्त्तये नमः – पश्चिमे। ५।

ॐ पशुपतये यजमानमूर्तये नमः – नैर्ऋत्याम्। ६।

ॐ महादेवाय सोममूर्त्तये नमः – दक्षिणे। ७।

ॐ ईशानाय सूर्यमूर्तये नमः – आग्नेयाम् ।८।

मूर्तयोऽष्टौ शिवस्यैताः पूर्वादिक्रमयोगतः ।
आग्नेयान्ताः प्रयोज्यास्तु वेद्यां लिङ्गे शिवं यजेत् ॥

नन्दिपुराणे –

गोभूवस्त्रहिरण्यादिबलिपुष्पान् निवेदयेत् ।
ज्ञेयो नमः शिवायेति मन्त्रः सर्वार्थसाधकः ॥
सर्वमन्त्राधिकश्चायमोंकाराद्यः षडक्षरः ।

भविष्यपुराणे पञ्चाक्षरमुपक्रम्य,

अपवित्रः पवित्रो वा सर्वावस्थां गतोऽपि वा ।
महापातकयुक्तोपि मन्त्रस्यास्य जपात्तथा ॥
अधिकारी भवेत्सर्व इति देवोऽब्रवीच्छिवः ।

तथा –

सर्वेषामेव पात्राणां परं पात्रं महेश्वरः ॥
पतन्तं धारयेद्यस्मादतीव नरकार्णवात् ।
शिवमुद्दिश्य यद्दत्तं सर्वकारणकारणम् ॥
तदनन्तफलं दातुर्भवतीह किमद्भुतम् ।

शिवधर्मे –

तस्मात्पुष्पफलैस्तोयैः पत्रैरपि च यत्फलम् ।
तदनन्तफलं ज्ञेयं भक्तिरेवात्र कारणम् ॥

भविष्ये –

लिङ्गानुलेपनं कार्यं दिव्यगन्धैस्तु गन्धिभिः ।
वर्षे कोटिशतं दिव्यं शिवलोके महीयते ॥

स्कन्दपुराणे –

शुष्काण्यपि च पत्राणि श्रीवृक्षस्य सदैव तु ।
दातव्यानि नरैर्भक्त्या शिवभक्तिमभीप्सुभिः ॥

भविष्ये –

धत्तूरैरपि यो नित्यं सकृत् पूजयते शिवम्।
गोलक्षफलं प्राप्य शिवलोके महीयते॥
बिल्वपत्रैरनन्तैश्च यो लिङ्गं पूजयेत् सकृत्।
सर्वपापविनिर्मुक्तः शिवलोके महीयते॥

तथा च –

सर्वकामप्रदं बिल्वं महादारिद्र्यनाशनम्।
बिल्वपत्रात्परं नास्ति ये न तुष्यति शङ्करः॥
केशकीटापविद्धानि निशि पर्युषितानि च।
स्वयं पतितपुष्पाणि त्यजेदुपहतान्यपि॥
देवदारुसमेतं च सर्जश्रीवासकुन्दुरुम्।
श्रीफलं चाज्यमिश्रं च दत्वाप्नोति परां गतिम्॥

सर्ज शालरसः। कुन्दरु शैलेयम्।

एभ्यः सौगन्धिकं धूपं षट्सहस्रगुणोतरम्।
अगुरुं शतसाहस्रं द्विगुणं चासितागुरुम्॥
गुग्गुलुं घृतसंयुक्तं साक्षाद् गृह्णाति शङ्करः।
तैलेनापि हि यो दद्याद्घृताभावेन मानवः॥
तेन दीपप्रदानेन शिववद्भ्राजते दिवि।

नन्दिकेश्वरपुराणे –

शालितण्डुलप्रस्थस्य कुर्यादन्नं सुसंस्कृतम्।
शिवायतं चरुं दद्याच्चतुर्दश्यां विशेषतः॥

शिवसर्वस्वे च –

एकमाम्रफलं पक्वं यः शिवाय निवदयेत्।
वर्षाणामयुतं भोगैः क्रीडते शिवमन्दिरे॥
एकं मोचाफलं पक्वं यः शिवाय निवेदयेत्।
वर्षलक्षं घृतसंयुक्तं मधुपक्वं निवेदयेत्॥
अग्निष्टोमस्य यज्ञस्य फलं प्राप्नोति मानवः।

शिवधर्मे –

लिङ्गवेदी भवेद्देवी लिङ्गं साक्षान्महेश्वरः।
तयोः संपूजनात् स्यातां देवी देवश्च पूजितौ॥

देवीपुराणे –

सव्यं ब्रजेत्ततो सव्यं प्रणालीं नैव लङ्घयेत्।
एकीभूतमतो रुद्रं यः कुर्यात् त्रिः प्रदक्षिणम्॥
क्षणात्तस्य भवेन्मुक्तिर्न तस्य पुनरुद्भवः।

भविष्ये –

जानुभ्यां चैव पाणिभ्यां शिरसा च विचक्षणः।
कृत्वा प्रणामं देवेश सर्वान् कामानवाप्नुयात्॥

महाभारते –

सर्वलक्षणहीनोऽपि युक्तो वा सर्वपातकैः।
सर्वं तरति तत्पापं भवाय शिरसा नमन्॥

ततो वारं वारं प्रणम्य "ॐ वामदेवाय नमः" इति मन्त्रेण संहारमुद्रया विसृज्य, तदुच्छिष्टेन चण्डोग्रशूलपाणिं संपूज्य, विष्णुनिर्माल्ययुक्तशिव-निर्माल्यं शिरसा धारयेत्।

अग्राह्यं शिवनिर्माल्यं पत्रं पुष्पं फलं जलम्।
शालग्रामशिलास्पर्शात् सर्वं याति पवित्रताम्॥ इति।

अथ पार्थिवलिङ्गानां विशेषपूजाप्रकारः ***श्रीमन्त्रमहोदधौ****। यथा –*

साधकः स्नात्वा, नित्यकर्म कृत्वा, शुचिभूमिं गत्वा, उपरिस्थां मृत्तिकामपाहृत्य,

"हूँ पृथिव्यै नमः" इत्यभिमन्त्र्य, मृत्तिकां गृहीत्वा, तामवलोक्य निःशर्करां कृत्वा, शुद्धपात्रे नित्यशिवपूजार्थं निदध्यात्। ततः शुभदिने बालगणेशकुमारयोर्मन्त्रौ हरादिकात् सप्तमनूनपि पूजासिद्ध्यर्थं सद्गुरोः सकाशाद् गृह्णीयात्।

ह्रीं गं ग्लौं गणपतये ग्लौं गं ह्रीं – इति गणेशमन्त्रः। ऐं क्षुं क्षुँ क्लीं कुमाराय नमः – इति कुमारमन्त्रः। ॐ नमो हराय, ॐ नमो महेश्वराय, ॐ नमः शूलपाणये, ॐ नमः पिनाकिने, ॐ नमः पशुपतये, ॐ नमः

शिवाय, ॐ नमो महादेवाय इति सप्तमनूनपि संगृह्य, शुभदिने स्वेष्टसिद्ध्यर्थं शिवार्चनमारभेत्। तद्यथा –

कृतनित्यक्रियः सूर्यायार्घ्यं दत्वा, मृत्तिकामादाय, वमित्यभिमन्त्रितेन जलेनाभिषिच्य स्वेष्टप्रमाणं पिण्डयेत्। तां पात्रे निधाय संकल्पं कुर्यात्। स यथा –

"अमुकगोत्रस्यामुकशर्मणो मम मनोभिलषितकार्यसिद्ध्यर्थं यथा – संख्यकपार्थिवलिङ्गपूजनमहं करिष्ये" इति संकल्प्य, मृतपिण्डान् मृदं गृहीत्वा, गणपतिमन्त्रेण वराभयलसत्पाणिकमलं बालगणेशं निर्माय, पीठे संस्थाप्य, स्वमन्त्रेण संपूज्य, हरमन्त्रेण "ॐ नमो हराय" इति मन्त्रेण शतमात्राधिकां मृदं गृहीत्वा, "ॐ नमो महेश्वराय" इति मन्त्रेण अङ्गुष्ठमानादधिकं वितस्त्यवधि मनोहरं लिङ्गं तुल्यप्रमाणं तुल्यरूपं रचयेत्। ततः "ॐ नमः शूलपाणये" इति लिङ्गं पीठे संस्थापयेत्। ततोऽवशिष्टमृदा कुमारमन्त्रेण कुमारं कृत्वा लिङ्गपङ्क्त्यन्ते संस्थाप्य, स्वमन्त्रेण पूजयेत्। ततः प्रतिलिङ्गस्थं हरं "ॐ नमः पिनाकिने" इति मन्त्रेण समावाह्य ध्यायेत्। तद्यथा –

दक्षाङ्कस्थं गजपतिमुखं प्रामृशन् दक्षदोष्णा
वामोरुस्थाद्रिपतितनयाङ्कं गुहं चापरेण।
इष्टाभीती परकरयुगे धारयन्निन्दुकान्ति-
रव्याद् ग्रस्तत्रिभुवनमदो नीलकण्ठस्त्रिनेत्रः॥

(म. म. १९.८२)

एवं ध्यात्वा, "ॐ नमः पशुपतये" इति मन्त्रेण शिवं स्नापयेत्। ततः "ॐ नमः शिवाय" इति मन्त्रेण गन्धादीन् समर्प्य, पूर्वादिवामावर्तेन दशदिक्षु शर्वादीन् पूजयेत्। तद्यथा–

ॐ शर्वाय क्षितिमूर्तये नमः – पूर्वे।

ॐ भवाय जलमूर्तये नमः – ऐशान्याम्।

ॐ रुद्रायाग्निमूर्तये नमः – उत्तरे।

ॐ उग्राय वायुमूर्तये नमः – वायव्याम्।

ॐ भीमायाकाशमूर्तये नमः – पश्चिमे।

ॐ पशुपतये यजमानमूर्तये नमः – नैर्ऋत्याम्।

ॐ महादेवाय सोममूर्तये नमः – दक्षिणे।

ॐ ईशानाय सूर्यमूर्तये नमः – अग्निकोणे।

तत इन्द्रादीन् वज्रादीनपि पूर्वादिदक्षिणावर्तेन पूजयेत्। ततो धूपं दीपं नैवेद्यं दत्वा, वारं वारं नत्वा, प्रदक्षिणामर्द्धचन्द्राकृतिं कृत्वा, मन्त्रजपं कृत्वा, स्तवादिकं पठित्वा, संहारमुद्रया विसृज्य, गणेशकार्तिकियावपि विसृजेत्।

अथ कामनाभेदेन ध्यानमुक्तं तत्रैव –

तद्यथा –

धनपुत्रादिकामैस्तु शिवोर्च्यः प्रोक्तलक्षणः।
विद्याकामैश्चिन्तनीयः परशुं हरिणं वरम्॥
ज्ञानमुद्रां दधद्धस्तैर्वटमूलमुपाश्रितः।

(म. म. १९.८९-९०)

अथ सन्धिकरणार्थं ध्यानम् –

पुंसोर्विरुद्धयोः सन्धौ कुर्याल्लिङ्गानि साधकः॥
नदीतीरादपानीत मृदा तानि च पूजयेत्।
तत्र ध्येयो हरिहरः शङ्खपद्माहिशूलभृत्॥
इन्द्रनीलशरच्चन्द्रनिभोभूषणपुञ्जवान् ।

(म. म. १९.९०-९२)

अथ दम्पत्योर्विरोधशमनार्थं ध्यानमाह –

दम्पत्योविरोधार्थमर्द्धनारीश्वरः स्मृतः॥
पीयूषपूर्णकलशं दधत्पाशाङ्कुशावपि।

(म. म. १९.९२-९३)

अथोच्चाटनमारणविद्वेषणार्थं ध्यानम् –

उच्चाटे मारणे द्वेषे ध्यातव्यः पुनरीदृशः॥
कालीहस्ताम्बुजालम्बः शूलप्रोतस्त्विषाञ्चयः।
मुण्डमालालसत्कण्ठो राववित्रासिताखिलः॥

(म. म. १९.९३-९४)

अथ कार्यवशात्प्रयोगविधानमाह –

पूजयेत्कार्यवशतो लक्षावधिसहस्रतः॥
लक्षं पार्थिवलिङ्गानां पूजनाद् भुक्तिमुक्तिभाक्।
लक्षं तु गुडलिङ्गानां पूजनात्पार्थिवो भवेत्॥
या नारी गुडलिङ्गानि सहस्रं पूजयेत्सती।
भर्त्तुः सुखमखण्डं सा प्राप्यान्ते पार्वतीभवेत्॥
नवनीतस्य लिङ्गानि सम्पूज्येष्टमवाप्नुयात्।
प्रातर्गोमयलिङ्गानि नित्यं यस्त्रीणि पूजयेत्।
बृहतीबिल्वयोः पत्रैर्नैवेद्यं गुडमर्पयेत्॥

(म. म. १९.९५-९८, १००)

इष्टफलावाप्तिः –

भस्मनो गोमयस्यापि बालुकायास्तथाफलम्॥
क्रीडन्ति बालका भूमौ लिङ्गं कृत्वा रजोमयम्।
पूजयन्ति विनोदेन तेऽपि स्युः क्षितिनायकाः॥
एवं मासत्रयं कुर्वन्नल्पं लभते धनम्।
एकादशैव लिङ्गानि गोमयोत्थानि पूजयेत्॥
प्रातर्मध्याह्नयोः सायं निशीथे प्रतिवासरम्।
स सर्वाः सम्पदो यायात् षण्मासादेवमाचरन्॥
एकादश यजेन्नित्यं शालिपिष्टमयानि यः।
लिङ्गानि मासमात्रेण सकल्मषचयं दहेत्॥
स्फाटिकं पूजितं लिङ्गमेनोनिकरनाशनम्।
सर्वकामप्रदं पुंसामुदुम्बरसमुद्भवम्॥
रेवामध्याश्मजं सर्वसिद्धिदं दुःखनाशनम्।
यथाकथञ्चिल्लिङ्गस्य पूजा नित्यं कृतेष्टदा॥
यो यजेत् पिचुमन्दोत्थैः पत्रैर्गोमयजं शिवम्।
क्रुद्धं महेश्वरं ध्यायन् स पराजयते रिपून्॥
यो लिङ्गं पूजयेन्नित्यं शिवभक्तिपरायणः।
मेरुतुल्योऽपि तस्याशु पापराशिर्लयं व्रजेत्॥

दोग्घ्नीर्गास्तुरगाँल्लक्षं यो दद्याद्वेदपाठिने।
पार्थिवं योऽर्चयेल्लिङ्गं तयोर्लिङ्गार्चको वरः॥
चतुर्दश्यां तथाष्टम्यां पौर्णमास्यां विधुक्षये।
पयसा स्नापयेदीशं धरादानफलं व्रजेत्॥
लिङ्गपूजां विधायाग्रे स्तोत्रं वा शतरुद्रियम्।
प्रजपेत्तन्मना भूत्वा शिवे स्वं विनिवेदयेत्॥
यत्संख्याकं यजेल्लिङ्गं तन्मितं होममाचरेत्।
आज्यान्वितैस्तिलैरग्नौ घृतैर्वा पायसेन वा॥
शिवमन्त्रेण तस्यान्ते ब्राह्मणानपि भोजयेत्।
एवं कृते समस्तेष्टसिद्धिर्भवति निश्चितम्॥

(म. म. १९. ९८-९९, १०१-१२)

॥अथ पूजायन्त्रसंस्कारः॥

वामकेश्वरतन्त्रे –

भैरव्युवाच

चक्रभेदं महादेव त्वत्प्रसादान्मया श्रुतम्।
इदानीं श्रोतुमिच्छामि प्रतिष्ठाकर्मनिर्णयम्॥

श्रीशङ्कर उवाच

शृणु देवि महाभागे जगत्कारिणि कौलिनि।
यन्त्रस्योद्यापनं कार्यं सर्वकर्मविनिर्णयम्॥
स्नात्वा संकल्पयेन्मन्त्री गुरोरर्चनमाचरन्।
पञ्चगव्यं ततः कृत्वा शिवमन्त्रेण मान्त्रितम्॥
तच्चक्रं निःक्षिपेन्मन्त्री प्रणवेन समाकुलम्।
तदुद्धृत्य ततश्चक्रं स्थापयेत् स्वर्णपात्रके॥
पञ्चामृतेन दुग्धेन शीतलेन जलेन च।
चन्दनेन सुगन्धेन कस्तूरीकुङ्कुमेन च।
पयोदधिघृतक्षौद्रशर्कराद्यैरनुक्रमात्।
तोयधूपान्तरैः कुर्यात् पञ्चामृतविधिं पुनः॥

हाटकैः कलशैर्देवीमष्टाभिर्वारिपूरितैः।
कषायजलसम्पूर्णैः कारयेत्स्नानमुत्तमम्॥
स्नानं समाप्य तां देवीं स्वापयेत् स्वर्णपात्रकैः।
स्पृष्ट्वा पात्रं कुशाग्रेण गायत्र्या चाभिमन्त्रयेत्।
अष्टोत्तरशतं देवि देवताभावसिद्धये।
आत्मशुद्धिं ततः कृत्वा षडङ्गैर्यजनं चरेत्॥
तत्रावाह्य महादेवीं जीवन्यासं च कारयेत्।
उपचारैः षोडशभिर्महामुद्रादिभिः सदा॥
फलताम्बूलनैवेद्यैर्देवीं तत्र समर्चयेत्।
पट्टसूत्रादिकं दद्याद् वस्त्रालङ्कारमेव च॥
मुकुरं चामरं घण्टां यथायोग्यं महेश्वरि।
सर्वमेतत्प्रयत्नेन दद्यादात्महिते रतः॥
ततो जपेत्सहस्रं च सकलेप्सितसिद्धये।
बलिदानं ततः कुर्यात् प्रणमेच्चक्रराजकम्॥
अष्टोत्तरशतं हुत्वा संपाताज्यं विनिःक्षिपेत्।
होमकर्मण्यशक्तश्चेद् द्विगुणं जपमाचरेत्॥
धेनुमेकां समानीय स्वर्णशृङ्गाद्यलङ्कृताम्।
गुरवे दक्षिणां दद्यात् ततो देव्या विसर्जनम्॥ इति।

अथ पूजायन्त्रसंस्कारप्रकारः –

कृतनित्यक्रियः स्वस्तिवाचनं कृत्वा, संकल्पं कुर्यात्। "अद्येत्याद्यमुकगोत्रोऽमुकशर्मा अमुकदेवतायाः पूजार्थममुकयन्त्रसंस्कारमहं करिष्ये" इति संकल्प्य, पञ्चगव्यमानीय, हौमिति मन्त्रेणाष्टेत्तरशतमभिमन्त्र्य, प्रणवेन यन्त्रं पञ्चगव्ये निःक्षिपेत्। तस्मादुत्थाप्य पात्रान्तरे स्थापयेत्। ततः शीतजलकुङ्कुमकस्तूरीभिः स्नापयित्वा धूपं दद्यात्। एवं दध्ना घृतेन मधुना शर्करया च। ततोऽष्टभिः कलशैः स्नापयेत्। कुङ्कुमरोचनाचन्दनमिश्रितैस्तोयैः स्नापयेत्। सर्वत्र स्नानं तु मूलमन्त्रेण। ततो यन्त्रमुत्तोल्य कुशाग्रेण यन्त्रे स्पृष्ट्वा,

ॐ यन्त्रराजाय विद्महे महामन्त्राय धीमहि।

तन्नो यन्त्रः प्रचोदयात्॥

– इत्यष्टोत्तरशतमभिमन्त्र्य प्राणप्रतिष्ठां कुर्यात्।

"अस्य प्राणप्रतिष्ठामन्त्रस्य ब्रह्मविष्णुमहेश्वरा ऋषयः ऋग्यजुःसामानि छन्दांसि चैतन्यदेवता प्राणप्रतिष्ठायां विनियोगः।"

"आं ह्रीं क्रों यं रं लं वं शं षं सं हं हौं सः अमुकदेवतायाः प्राणा इहप्राणाः। एवं आं १३ अमुकदेवताया जीव इहस्थितः। आं १३ अमुकदेवतायाः सर्वेन्द्रियाणि। आं १३ अमुकदेवताया वाङ्मनश्चक्षुःश्रोत्रघ्राणप्राणा इहागत्य सुखं चिरं तिष्ठन्तु स्वाहा।"

इति प्राणान् प्रतिष्ठाप्य, प्रकृतदेवतामावाह्य, षोडशोपचारादिना संपूज्य, षडङ्गेन पूजयेत्। ततः पट्टसूत्रादिकं दत्वाऽष्टोत्तरसहस्रं जपेत्। अशक्तश्चेद् बलिं दद्यात्।

ततोऽष्टोत्तरशतहोमं कृत्वा प्रत्याहुतिसंपातं दद्यात्। होमाशक्तौ द्विगुणो जपः कार्यः। ततो दक्षिणां छिद्रावधारणं कुर्यादिति यन्त्रसंस्कारः।

अथ सुन्दरीयन्त्रसंस्कारे तु कुशाग्रेण स्पृष्ट्वा आमित्यादिना सामान्यतः प्रथमं प्राणप्रतिष्ठां कृत्वा जीवाकर्षिणीं विद्यां यथाशक्ति जपेत्। यथा –

ॐ ऐं ह्रीं श्रीं ह्सौः स्हौः स्हौः आं ह्रीं क्रों क्लीं गणपतिकालिके सौः स क ल ह्रीं क्लीं क्लीं ह्रीं स्हौः स्हौः ह्सौः श्रीं ह्रीं ऐं ॐ मूलगायत्रीं जपेत्। मूलमन्त्रमपि। ततो यन्त्रमध्ये देवीमागतां विभाव्य षोडशोपचारैरर्चयेदितिशेषः।

॥ ग्रन्थकृत्प्रशस्तिः ॥

आसीच्छ्रीकरुणाकरो बुधवरः कारुण्यदानाकरः
श्रुत्याचारविचारसारचतुरो ज्योतिर्विदामग्रणीः।
तत्पुत्रः पृथिवीशवन्दितपदः श्रीशम्भुनाथः कृती
शम्भुध्यानबलेन शम्भुसमतां काश्यामगादादरात्॥

तज्जस्तु तन्त्राणि शिवोदितानि
विलोक्य शम्भोः कृपया पवित्रम्।
दीक्षाप्रकाशं किल जीवनाथ-
श्चकार तन्त्रज्ञमुदे विचित्रम्॥

शके खाङ्कागभूसंख्ये (१७९०) श्रीरामनवमीतिथौ।
जाह्नवीतीरनिकटस्थितः श्रीमैथिलद्विजः॥

॥ इति श्रीशम्भुनाथात्मजश्रीजीवनाथविरचितो दीक्षाप्रकाशः समाप्तः ॥९॥

***